나는 위안부가 아니다

나는 위안부가 아니다

아시아의 일본군 성노예 피해 여성 21인의 목소리

사진 글 안세홍

글항아리

머리말

다른 나라의 피해 여성들은 어떠한 삶을 살고 있을까?

아시아의 기록되지 못한 일본군 성노예 피해 여성들을 찾기 위해 25년간 한국을 비롯한 중국의 오지부터 필리핀, 인도네시아, 동티모르 변방까지 누비며 140여 명의 피해자를 만났고 그녀들의 지워지지 않는 고통의 흔적을 엿볼 수 있었다. 평범한 삶을 살다가 전쟁의 소용돌이 속으로 휩쓸려가 일본군의 희생양이 되었던 그녀들이 감당하기에는 너무나 가혹했다. 그 피해와 상처를 알리고자 우선 21명의 이야기를 가감 없이 사진과 글로 기록했다.

1996년 『사회평론 길』의 사진 화보 취재를 위해 경기도 광주 '나눔의 집'을 방문하면서 만난 그녀들의 한 맺힌 눈빛과 아픔을 나는 잊을 수 없었다. 한때는 한 남자로서 부끄럽고 죄스러운 마음이 들었지만, 그녀들과 함께할 수 있는 것이 무엇일까 고민했고 그녀들의 삶을 사진으로 기록하고 세상에 알리는 것이 내가 할 수 있는 최선이라는 결론에 다다랐다. 2001년, 전쟁이 끝나고서도 척박한 중국에

버려져야만 했던 조선인 피해 여성들을 만나면서 나는 가슴 깊이 그녀들의 고통을 받아들였다. 그리고 아시아 피해 여성들의 삶을 기록하기 위해 태평양 연안의 나라들로 발길을 옮겼다.

　제2차 세계대전 때 일본 여성과 일본의 식민지였던 조선, 타이완 그리고 일본이 전쟁을 일으킨 나라의 수많은 여성이 일본군으로부터 성폭력을 당했고, 위안소로 강제 동원되어 성노예가 되어야만 했다. 동원된 여성 중 스스로 일본군에게 위안과 기쁨을 주기 위해 간 여성은 단 한 명도 없다. '위안부'라는 말은 가해자인 일본의 입장에서 만들어진, 미화된 용어다. 일본군은 점령지에서 피해 여성들을 전리품으로 취급하며 성 착취를 했다. 그녀들은 위안소와 군부대에서 일본군 총칼의 불가항력 하에 자유와 권리를 빼앗겼고 성노예가 될 수밖에 없었다.

　중국에 남겨진 조선인 이수단은 위안소에서의 성병 후유증으로 아기를 가질 수 없었고, 인도네시아의 친다는 아픔을 겪었던 위안소 인근에서 평생을 살아야 했으며, 동티모르 라우린다의 팔뚝에는 일본군이 새겨넣은 일본 이름 '다스코'가 선명히 남아 과거의 기억을 지우려야 지울 수 없었다. 일본군에 의해 강탈당한 인생에서 피해 여성들은 아직도 일본군 성노예의 굴레에 머물러 있다. '일본군이 왜 나를 이렇게 했는지 알고 싶다' '일본의 높은 사람이 와서 직접 봐야 한다' '나를 직접 보고 사과해야 한다' 등 이중 통역을 통해서 들을 수 있었던 거친 숨소리에 묻어난 이구동성의 생생한 증언에서 그녀들이 겪은 고통의 깊이를 조금이나마 가늠할 수 있었다.

끌려감, 감금, 성폭력, 버려짐. 모든 것은 70~80여 년의 세월이 지난 지금도 피해 여성들에게는 여전히 지울 수 없는 상처로 남아 있다. 나라와 나이, 동원 방법과 기간 등의 피해 사례로만 그녀들의 아픔을 구분하는 것은 무의미하며 이 문제는 아시아 태평양 전쟁이 야기한 인권 문제로 바라봐야 한다. 일본이 패망하면서 그녀들은 성노예로부터 벗어날 수 있었지만, 현지에 남겨지면서 이웃으로부터 '화냥년'이라 불리는 차가운 시선과 '명예살인'이라는 종교적 차별을 받았다. 가해국 일본은 물론 피해국들조차 그녀들의 고통을 외면했고 문제 해결 또한 무책임으로 일관했다. 그녀들의 지워지지 않은 성노예 피해의 기억과 고통은 지금까지도 이어져오고 있으며 과거만의 문제가 아닌 아직 풀리지 않은 현재진행형으로 남아 있다.

우리는 일본군 성노예를 전쟁과 인권 문제라고 말하고는 있지만, 아시아 곳곳에 피해 여성이 있음에도 다른 나라의 피해 여성에 관한 이야기를 접할 기회가 적었다. 수요집회, 신문 방송을 통해 매일 피해 여성들의 이야기를 들어오고 있지만, 국내와 관련된 뉴스뿐이다. 일본에서는 한국과 중국의 일부 피해 여성들에 대해서만 언급할 뿐 다른 나라의 피해에 대해서는 언급을 회피해 동남아시아의 피해에 대해서는 대부분의 사람이 인식을 못 하고 있다. 이로 인해 국제사회에서 이 문제를 한일 간의 감정적인 역사 문제로 보는 폐해가 생겼다. 아시아 전체의 문제로 풀어나가기 위해서는 일부 나라만의 관심이 아니라 피해국 간의 긴밀한 연대를 통해 다양한 피해의 목소리가 기록되고 알려져야 한다.

일본 국민은 피해 여성에 대해 '가슴이 아프다' '전쟁 중에 어쩔 수 없는 일이었다' 정도로 치부하고 있다. 내 또래만 하더라도 전쟁의 역사를 학교에서 제대로 배워본 적이 없다. 과거 일본이 이 문제를 금기시하며 숨기고 외면했다면 현재의 우경화된 일본은 전쟁의 가해자에서 원폭 피해자 코스프레를 하고 성노예 피해 여성들을 자발적 매매춘으로 둔갑시켜 역사를 왜곡하고 있다. 이런 현실 속에서 우리는 역사를 바로잡아야만 한다. 승자와 영웅만이 남는 역사 속에서 개개인의 역사는 소중하게 다루어지지 않는다. 그러나 피해 여성들의 증언 목소리가 기록되고 쌓였을 때 역사는 새롭게 쓰일 수 있다.

그녀들은 이제 병들고 혼자서는 무엇조차 할 수 없는 몸이 되어 역사의 뒤안길로 사라지고 있다. 피해 여성들이 과거의 아픔을 들춰내면서 증언을 해준 것은 많은 사람이 알기를 바라고 자신들이 겪은 것과 같은 고통이 되풀이되지 않기를 바라는 미래의 메시지다. 우리가 기억하지 않는다면 또다시 아픔의 역사는 반복될 수밖에 없다. 더는 누군가의 기억과 눈물이 아니라 이제는 모두의 역사와 인권으로 남아야 한다.

힘겨운 환경에서 용기를 내어 이야기해준 피해 여성들에게 먼저 감사의 마음을 전하며 그녀들의 정의와 평화가 세워지기를 간절히 바란다. 또한 이 글을 읽는 독자들과도 함께할 수 있기를 기대한다.

겹겹프로젝트 안세홍

런란어
· 1931년(2016년 사망) 중국
  산시성 출생
· 1944년 13세에
  15일+1개월간 두 번 동원

웨이사오란
· 1920년(2019년 사망) 중국
  광시좡족자치구 출생
· 1944년 24세에
  3개월간 동원

왕즈펑
· 1923년 중국
  하이난 출생
· 1939년 16세에
  10일간 동원

황유량
· 1927년(2017년 사망) 중국
  하이난 출생
· 1941년 13세에
  6개월간 동원

미나
· 1927년 인도네시아
  술라웨시 출생
· 1942년 15세에
  2년간 동원

바리
· 1927년 인도네시아
  술라웨시 출생
· 1942년 15세에
  3개월간 동원

이탕
· 1930년(추정) 인도네시아
  술라웨시 출생
· 1945년 15세(추정)에
  3개월간 동원

친다
· 1932년 인도네시아
  술라웨시 출생
· 1945년 14세에
  6개월간 동원

셍아
· 1930년 인도네시아
  술라웨시 출생
· 1945년 15세에
  2개월간 동원

루시아
· 1930년 필리핀
  팜팡가 출생
· 1942년 12세에
  2개월간 동원

파우스트
· 1931년 필리핀
  팜팡가 출생
· 1943년 12세에
  1개월간 동원

페덴시아
· 1927년 필리핀
  루손 출생
· 1942년 14세에 10일+
  1개월간 두 번 동원

마리아
· 1932년 필리핀
  록사스 출생
· 1944년 13세에
  3개월간 동원

이수단
· 1922년(2016년 사망) 북한 평안남도 출생
· 1940년 19세에 5년간 중국 동원
· 중국 헤이룽장성 둥닝에 남겨짐

박차순
· 1923년(2017년 사망) 한국 전라남도 출생
· 1942년 19세에 3년간 중국 동원
· 중국 후베이성 샤오간에 남겨짐

김복득
· 1918년(2018년 사망) 한국 경상남도 출생
· 1939년 21세에 7년간 중국, 필리핀 동원

하상숙
· 1928년(2017년 사망) 한국 충청남도 출생
· 1944년 16세에 8개월간 중국 동원
· 중국 후베이성 우한에 남겨짐

이네스
· 1930년(추정) 동티모르 베코 출생
· 1942년 13세(추정)에 2년간 동원

프란시스카
· 1923년 동티모르 수아이 출생
· 1942년 19세에 3년간 동원

카르민다
· 1926년(추정, 2016년 사망)
  동티모르 틸로마르 출생
· 1942년 16세(추정)에 3년간 동원

라우린다
· 1930년 동티모르 베코 출생
· 1942년 12세에 3년간 동원

1
부

살다

"위안소에서 일본군의 딸을 낳았어요"

_이네스

이네스 드 예수Ines de Jesus
1930년(추정) 동티모르 베코 출생
1942년 13세(추정)에 2년간 동원

아시아의 일본군 성노예 피해자들은 대부분 그 나라 변방의 오지에 가야 만날 수 있었다. 그 덕분에 문명에 의해 거의 훼손되지 않은 천혜의 자연을 누릴 때가 종종 있다. 이네스가 사는 에르메라주는 해발 1000미터가 넘는 산간지역에 있어 새벽 공기가 제법 선선하다. 밤새 비 내린 산 능선 사이로 안개가 피어오른다. 혹시 날이 개고 일출이 보이지 않을까 하는 기대감에 그녀의 집보다 더 높은 언덕으로 향한다. 상쾌한 공기가 흐르고 구름이 보랏빛으로 물들기 시작한다. 다시 붉은빛과 어우러지는 것이 때 묻지 않은 자연에서만 누릴 수 있는 호사다.

'이 깊은 산속까지 일본군은 무엇을 하기 위해 군사 도로까지 만들며 들어왔을까?' '왜, 아직 가슴조차 발육이 안 된 어린 여자아이들을 끌고 가 성노예로 삼았을까?' 자연을 만끽하면서도 어젯밤에 들었던 아시아 태평양 전쟁 시기 그녀의 위안소 이야기가 의문에 의문을 남긴다.

_이네스

일본이 태평양 전쟁을 치르는 명분은 서구 열강의 식민지였던 아시아 국가들을 해방시킴으로써 이들 국가의 번영과 평화를 위한다는 것이었다. '대동아전쟁大東亞戰爭(일본 정부가 공식적으로 사용했던 명칭)'의 이름으로 전쟁을 미화하며, 속으로는 태평양 연안의 국가들을 자신들이 통치하기 원했다. 그러나 일본군은 전쟁 과정에서 중국 난징南京 대학살, 식민지 및 점령지 부녀자의 성노예화와 무차별적인 강간으로 명분을 상실했다.

일본은 필리핀, 인도네시아, 동티모르, 파푸아뉴기니, 솔로몬 제도까지 단기간에 세력을 넓혀나갔다. 그러나 전쟁 후반으로 갈수록 일본에서 태평양 연안의 나라까지 가는 해양 보급로가 연합군에 의해 차단되었고 각지의 일본군에게 전달되는 식량과 전쟁 물자는 점점 줄어들었다. 그 품목 중 성병이나 임신을 막기 위한 '돌격 1호'라 불리는 콘돔도 변방의 일본군에게까지는 전달되지 않았다. 모자란 식량과 노동력은 현지에서 자급자족했다. 그리고 콘돔이 부족해지자 일본군은 성노예 여성을 동원할 때 임신이 되지 않는 여자를 끌고 갔다. 동티모르, 인도네시아 등지에서는 생리 이전의 여자아이들을 동원하는 사례가 많았다. 위안소 안에서 생리가 시작되면서 임신이 되었다거나 보았다는 피해 사례가 있었다.

인도네시아에서 섬과 섬으로 길게 뻗어내려온 끝자락에 위치한 티모르섬은 동서로 나뉘어 동쪽이 20여 년 전 독립한 동티모르 민주공화국이다. 이곳의 인권단체인 HAKThe Hukum, Hak Asasi dan Keadilan에서 일하고 있는 시스토Sisto를 방문하기 3개월 전부터 이메

_이네스

일로 연락을 주고받으며 피해자와의 만남을 추진해왔다. 막상 그를 만났을 때는 사전에 약속한 일정이 무시되었다. 내가 먼저 서두르지 않으면 피해자들을 만나러 언제 출발할지 모른다는 생각에 통역을 통해 독촉해봤다. 다음 날 HAK의 차량을 이용해 에르메라, 수아이, 사므 등 딜리와 반대편에 있는 10명의 피해자를 만나는 일정을 다시 짰다.

이튿날 이른 아침에 출발하기 위해 시내의 약속 장소로 나간다. 같이 가는 안내자나 타고 갈 차가 안 보인다. 여러 번의 전화 시도 끝에 시스토와 겨우 연락되었는데, 운전자를 구하지 못해 언제 출발할지 모른다고 한다. 점심때가 되어서야 사람을 구했지만, 그는 수도 딜리를 크게 벗어나본 적이 없는 초보 운전사다. 이네스의 아들 레오넬에게 급하게 연락을 넣어 그녀가 사는 곳까지 안내를 부탁한다. 그녀가 사는 에르마라 행정 소재지까지는 아스팔트 해안도로를 따라 산을 올라 한 시간이면 도착한다. 나머지 120킬로미터의 산길을 해지기 전에 달리길 바랄 뿐이다.

면 소재지쯤으로 보이는 글레누에서 아들과 같이 들어가기로 하고 만난다. 아들은 어머니가 사용하고 있는 화장실을 고치기 위해 가는 철사와 시멘트 반 포대를 사서 차에 싣는다. 읍내를 벗어나자 커피나무가 즐비한 산길로 들어선다. 산골짜기에서 흘러내리는 물길을 건너고, 움푹 팬 길을 기우뚱거리며 이정표도 없는 도로를 가는데 이 길이 맞는지조차 의심이 든다.

5시간을 달린 뒤 전봇대가 사라지고 전깃줄이 더 이어지지 않는 것으로 보아 마을의 끝자락인 듯싶다. 차 소리에 그녀의 딸과 아이들이 먼저 마중을 나온다. 그녀는 내 두 손을 잡으며 연신 반갑다는 말을 하면서 미소를 머금는다. 처음 만났지만 낯선 이방인에 대한 경계보다는 온 가족의 정겨움이 느껴진다. 해는 산 너머로 지고, 이야기를 나눌 시간은 충분하지 않다. 그녀와 인사를 한 지 얼마 되지 않았지만, 서둘러 문 가까이 밝은 곳에 자리를 잡는다.

이네스는 지금 사는 라사운 마을에서 태어났다. 산악지역이어서 부모님은 옥수수나 카사바를 키웠다. 그녀는 어머니에게 전통 직물인 타이스 만드는 법을 배우며 살았다. 일본군이 들어왔을 때 부족장은 마을 주민들을 군사 도로 만드는 일에 동원했다. 또한 나무를 자르고 풀을 엮어 일본군이 머무는 집을 만들도록 지시했다. 부족장은 일본군의 폭압에 자신과 사람들이 다칠까봐, 시키는 대로 할 수밖에 없었다.

"그때 나는 아직 월경을 시작하지 않았어요. 그들이 벌인 짓 때문에 나는 서서 걷기 힘들었고, (성폭행을 당한 후에) 나는 죽은 사람처럼 잠을 잤어요." 일본군은 어린 그녀의 옷을 강제로 벗기고 범했다. 낮에는 남녀노소 할 것 없이 군 트럭이 다닐 수 있도록 마을과 마을을 잇는 길을 넓히는 강제노역을 했다. 밤에는 몇몇 여자가 일본군에게 끌려가 강제로 그들의 성노예가 되어야만 했다. 그녀에게는 적으면 4명, 많게는 8명의 일본군이 매일 찾아왔다. 일본군은 그녀에게 음식을 제대로 주지 않았기 때문에 어머니가 음식을 만들어 군부대까지 가져오기도 했다.

_이네스

"우리는 군인을 상대하는 것 외에도 테베테베Tebe-tebe(동티모르의 전통 춤)를 추고 리쿠라이Likurai(전통 민요)를 불렀어요. 우리는 점점 미쳐가고 있었지요." 그녀들은 일본군에게 성적 만족 외에도 흩어져 있는 인근 부대로 위문을 다니며 그들의 광대가 되고 또 다른 만족거리를 제공해야 했다. 일부 여자는 도망가려고 시도했지만, 부족장이 위안소를 지키고 있었기 때문에 이런 노력은 허사로 돌아갔다. 부족장은 그녀들을 잘 알고 있고, 도망치면 일본군이 그녀들의 가족을 죽일 거라고 협박했다. 그녀는 다른 여자들과 마찬가지로 두려움에 저항이나 도망칠, 그 무엇도 할 수가 없었다. 그녀는 위안소에서 벗어날 만한 일을 모조리 포기할 수밖에 없었다.

"위안소에서 딸을 낳았어요. 딸 이름이 카이부티예요." 그녀는 2년여 간 위안소에 있으면서 첫 월경을 시작했다. 얼마 가지 않아 일본군의 아기를 뱄다. 태어난 지 3개월 될 무렵 그녀는 위안소를 벗어나면서 아기를 집으로 데려가길 원해 같이 나왔다. 그러나 돌아오는 길에 만난 일본군은 아기를 강제로 빼앗아갔다. 지금까지도 그 아기가 죽었는지 살았는지는 알 길이 없다.

"몸 전체가 고통스러웠지만, 특히 성기는 통증이 너무 심각했어요." 그녀는 위안소에서의 생활이 죽고 싶을 만큼 고통스러웠다. 그녀가 위안소를 나올 수 있었던 것은 병이 너무 깊이 들어서였다. 집에 도착했을 때 어머니는 주술사를 불렀고, 온몸에 약을 발라 문지르며 주문을 외웠다. 그리고 중국인에게서 산 약을 먹고서야 겨우 회복되었다.

그녀가 이야기를 하는 내내 아들이 그 곁을 지키고 있다. 증언하는 동안 어머니의 기억이 틀리거나 빠진 부분이 있으면 그가 부연 설명을 해준다. 그는 어떻게 어머니의 이야기를 알고 있을까? 처음부터 어머니의 아픔을 알고 있었던 것은 아니다. 2006년 일본인 신부가 이곳까지 찾아왔고, 어머니는 과거 피해 사실을 다 털어놓았다. 그 옆에서 가족들이 함께 이야기를 들었다. 아들은 어머니의 피해 사실을 안 순간부터 일본에 대한 적개심이 생겼다고 한다. 지금도 그는 그 사실을 받아들이지 못해 일본에 대한 나쁜 감정이 사그라들지 않고 있다. 2016년 그는 어머니와 함께 일본 도쿄의 시민단체 초청으로 증언 집회에 참석했다. 어머니의 피해를 누구보다도 일본 사람들이 알아야 한다고 생각했다. 그는 어머니의 일이 많이 알려져 억울함을 풀고 싶은 마음이 간절하다고 했다.

"르번구냥이라고 무시했어"

_황유량

황유량黃有良
1927년(2017년 사망) 중국 하이난 출생
1941년 13세에 6개월간 동원

우리는 위안부 피해자들의 이야기를 수요집회, 신문 방송 등 미디어를 통해서 들어오고 있다. 아시아 태평양 전쟁 때 일본군 성노예로 동원된 여성의 수가 5만~20만이라 추정하지만, 증언자 대부분은 한국 피해자들이다. 일본이 전쟁을 일으킨 중국, 필리핀, 인도네시아, 동티모르 등 다른 나라 피해자들의 목소리를 우리가 접할 기회는 적다. 일본 정부는 다른 나라의 일본군 성노예 피해에 대한 언급을 회피하고 있다. 일본 국민조차 한국과 중국 피해자에 대해서만 알고 있을 뿐, 동남아시아 피해자에 대해서는 인식을 못 하는 이들이 다수다. 이로 인해 일본이나 국제사회에서 이 문제를 한국과 일본만의 감정적인 역사 문제로 보는 폐해가 생겨났다.

　동남아시아 피해자 문제는 관심이 없어서이기도 하지만, 피해자에 대한 기록이 부족한 것이 큰 이유다. 위안소 제도권에 있었던 일본과 식민지 조선, 타이완 여성들은 모집과 동원 과정, 피해 사실이 일부나마 증언과 기록으로 남아 있다. 그 외 지역에서 동원된 여성들에게 일어난 성폭력, 성노예에 대해서는 전쟁 중에 일어난 사건으로 치부해버렸다. 중국의 경우 한족 피해자가 주목을 받지 못했기도 하지만, 소수민족의 피해는 소수자의 목소리라는 이유로 묻어버렸다.

중국 하이난섬海南島은 동양의 하와이라 불릴 만큼 1년 내내 따뜻한 기후의 휴양지로 유명하다. 바다를 끼고 있는 곳이면 어김없이 큰 리조트가 있어, 중국인뿐 아니라 한국인과 일본인들도 관광을 온다. 중일전쟁이 발발하면서 본국에서 떨어진 이곳에서는 한족 외에도 소수민족인 리족黎族의 피해자가 여럿 발견되었다. 그들의 말은 베이징어와 다르기에 리족 말과 베이징어를 할 줄 알고, 바오팅保亭에서 피해자들을 보살피고 있는 천허우즈陳厚志 씨를 만나 도움을 받았다. 그와 섬 안쪽 리족 자치구 중 하나인 바오팅 리족먀오족 자치현保亭黎族苗族自治縣에 사는 황유량의 집을 방문한다.

시골길을 따라간 한적한 곳 작은 기와지붕의 집에 그녀가 살고 있고 그 앞에 시멘트로 지은 양옥 건물에는 아들 내외가 살고 있다. 그녀가 사는 집은 큰 집에 가려져 온종일 햇볕이 들지 않는 구조라 어두컴컴하다. 내가 오는 발자국 소리를 들었는지 문으로 들어서기도 전에 그녀가 먼저 고개를 바깥쪽으로 돌린다. 침대에 걸터앉아 있던 그녀는 지팡이에 의지해 몸을 숙인다. 윤곽만 보일 뿐 어두워 아직 얼굴을 확인할 수 없다.

황유량은 농사를 짓는 부모님과 함께 살았다. 어머니는 눈이 실명될 정도로 좋지 않아, 그녀가 아버지의 농사일을 돕거나 집안일을 돌보며 살았다. 열다섯 살이 되던 해 어느 가을 아침 밭으로 일하러

_황유랑

가던 중, 10여 명의 일본군이 알아듣지 못하는 소리를 지르며 그녀에게 달려들었다. 얼굴을 때리고 옷을 벗기며 가슴을 만지자, 그녀는 군인의 손을 깨물었다. 이내 그 군인이 화를 내며 칼을 뽑아들었는데, 지위가 좀더 높아 보이는 장교가 그만두라고 명령해서 위기를 모면할 수 있었다. 놀란 가슴으로 몸을 떨며 집으로 돌아왔다. 부모는 일터에서 돌아오지 않아 아무도 없었다. 혼자 저녁을 준비하는 사이 아침에 만났던 일본군이 찾아왔다. 군인은 다짜고짜 그녀를 방으로 끌고 가 성폭행을 했다. 늦게 돌아온 부모는 이 사실을 알고도 총칼을 가진 일본군에게 곧장 항의할 수 없었다. 또다시 그들이 찾아올까봐, 이웃집에 딸을 보내 하룻밤을 재웠다.

"이번에는 한 명이 아니었어요. 한 명이 끝나자 또 한 명이…… 그렇게 몇 명한테 당했어요." 다음 날, 일본군이 또 찾아와서 그녀를 내놓으라며 부모를 때리기 시작했다. 결국 일본군은 광 안에 숨어 있는 그녀를 발견했고, 부모가 있는데도 방으로 끌고 가 성폭행을 했다. 일본군은 며칠 동안 그녀의 집을 계속 오갔다. 그러더니 나중에는 군부대로 끌고 가 청소와 빨래 등 잡일을 시키고, 밤에는 성노예로 삼았다.

"큰 방이었는데, 한 칸씩 널판자로 나뉘어 있고 그 사이에는 대나무 침대가 있었어요." 그녀는 같이 잡혀왔던 여자들과 군 트럭에 실려 싼야三亞 하이탕海棠 지역의 후지이바시藤井橋위안소로 끌려갔다. 거기에는 또 다른 여자 10여 명이 붙잡혀 있었다. 방문 앞에는 보초를 서는 군인이 있어 마음대로 나갈 수도 들어올 수도 없었다. 여기

_황유량

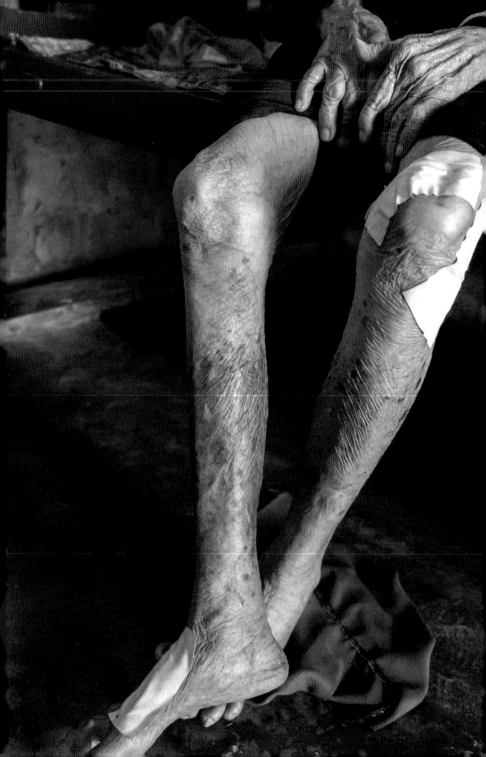

르번구냥이라고 무시했어

서도 낮에는 청소, 빨래, 식사를 여자들이 분담해서 했다. 밤에는 몇 명의 군인이 찾아와 성욕을 풀고 가거나 자고 가기도 했지만, 가끔 안 오는 날도 있었다.

"여러 명을 상대하다보니 거기가 아팠어요. 바를 약이 없어서 그냥 참기만 했지요." 위안소 안에서의 의료 상황은 열악했다. 성병 검진을 담당하는 군의관은 그녀들을 제대로 돌보지 않았다. 같이 있던 한 여자는 성기에서 피가 많이 흘렀는데, 의사가 살펴봤지만 치료가 되지 않아 이튿날 죽었다.

그녀가 위안소를 빠져나올 수 있었던 것은 2년이 지났을 무렵이다. 삼촌이 아버지의 부고 소식을 가지고 왔다. 그녀가 울고불고 매달렸는데도 관리자는 들은 체도 안 하며 장례식에 가는 것을 허락하지 않았다. 그녀는 마치고 꼭 돌아오겠다는 약속을 하고서야 겨우 빠져나올 수 있었다. 집 뒷산에 새로운 무덤이 있었지만, 아버지는 살아서 산속 움막에 숨어 있었다. 거짓으로 그녀를 빼내기 위해 가족들이 묘안을 짰던 것이다. 그녀는 이튿날 일찍 섬을 떠나 본토의 먼 친척 집에 숨어 지냈다. 전쟁이 끝나고도 한참이 지나서야 집으로 돌아왔다.

"마을 사람들이 르번구냥(일본 처녀)이라고 무시했어." 마을에는 이미 그녀가 일본군의 성적 노리개라고 소문이 퍼져 있었다. 그녀 자신도 그런 일을 당했다는 이유로 한센병이 있는 남자를 만나 시집을 갔다. 그는 그녀에게 잘해주었고, 다섯 남매를 낳았다. 때로 아이들이 마을에서 놀림을 받고 들어오면, 엄마 때문이라며 원망을 했다.

그녀는 지금처럼 온화한 성격이어서 울기만 할 뿐 단 한 번도 남에게 싫은 소리를 하지 않았다.

그녀는 어스름한 방 안의 5촉 전구 아래서 동그란 모자를 쓰고 있다. 팔다리를 만져보아도 딱딱함만 느껴지는 것이 살가죽만 남아 있다. 그녀는 소매를 걷어올리고, 앙상한 어깨를 드러내며 빼곡히 붙여져 있는 흰 파스를 하나하나 가리킨다. 아픔을 호소하기보다는 병든 몸을 자랑하듯 하소연을 한다. 나이가 들면 어리광을 부리는 어린아이로 돌아간다는 옛말이 딱 들어맞는다. 그동안 가슴속에 쌓아두었던 마음도 마찬가지일 것이다. 누구에게도 이야기하지 못한 채, 두 번째 만나는 나를 붙들고 70여 년의 아픔을 하소연하는 그녀가 안쓰럽기만 하다.

피해자들의 목소리에 귀 기울인다는 것은 어느 진실만큼이나 중요하다. 기록되지 못한 약자가 받은 마음의 상처, 당시 처한 상황들을 피해자의 시점에서 볼 수 있기 때문이다. 숨기고 왜곡하는 가해국의 시점과는 정반대다. 지금 만나고 다니는 피해자들은 80대 중반에서 아흔이 넘은 고령들이다. 동남아의 더운 열기와 열악한 의료 수준에서는 쉽게 마주칠 수 있는 나이대가 아니다. 기록되지 않는다면 역사의 진실은 사라져갈 뿐이다. 시간이 지날수록 그녀들의 목소리는 줄어들고 있다. 기억은 토막 나거나 생을 마감함으로써 사라진다. 그 전에 피해자의 이야기에 귀를 기울이며 기록을 남겨야 한다. 기록이 쌓여 역사가 되듯 일본군 성노예 피해자의 기록은 우리 모두에게 중요하다.

"기쁨과 슬픔을 가지며 살아요"

_셍아(센가)

셍아Senga
1930년 인도네시아 술라웨시 출생
1945년 15세에 2개월간 동원

전쟁터에서는 어느 나라 군인이든 무장을 하지 않은 민간인과 부녀자에게 폭력적인 행동을 금지하는 국제법과 규정이 있다. 하지만 인류의 역사와 함께해온 전쟁과 식민지 속에서 수많은 전시 성폭력, 약탈, 살인 등의 피해는 끊이지 않는다. 근대화 과정에서 전쟁이 있을 때마다 강대국들은 전쟁범죄 책임자를 처벌하고, 민간인의 피해를 최소화한다는 내용의 평화를 빙자한 회의를 한다.

1907년 헤이그 만국평화회의에서는 43개의 나라가 모여 '육전의 법규와 관례에 대한 규칙'을 만든다. 제46조에는 '가문의 명예 및 권리, 개인의 생명 및 사유재산과 종교적 신념 및 자유는 존중되어야 한다'고 규정하고 있다. 이 조항은 전시 침략지에서는 적용될 수 있었지만, 식민지 나라에는 적용되지 않았다. 그래서 조선과 타이완 여성이 일본군 성노예로 동원되는 피해를 입었다. 국제사법재판소ICJ는 이 조항을 관습국제법이 적용된 것으로 보고 있다. '가문의 명예'에는 강간에 의해 굴욕을 당하지 않는다는 여성의 권리가 포함되어 있

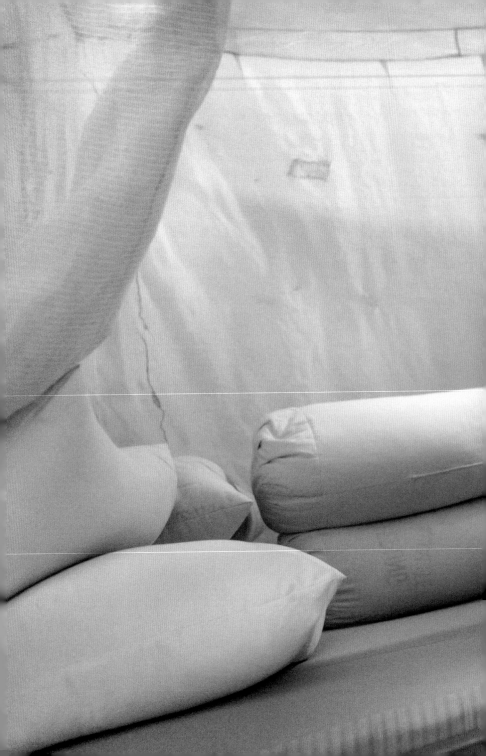

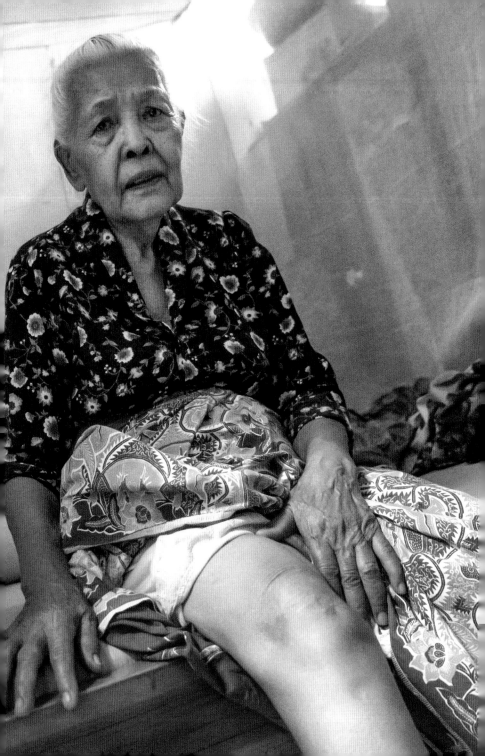

고, '생명의 존중'은 인간으로서의 존엄을 내포하는 말이다.

그 외에도 '추업을 시키기 위한 부녀 매매 단속에 관한 국제 조약'(1910), '부녀 및 아동의 매매 금지에 관한 국제 조약'(1921) 등 부녀자 및 아동의 매매를 금지하는 국제 조약이 있다. 1925년 일본은 부녀자, 아동 매매 금지 조약에 가입하면서도 식민지였던 조선과 타이완에 대해서는 적용을 유보했다. 이를 이용해 점령지에 일본군 위안소를 설치하고 여성들을 동원할 수 있었다. 국제법은 미성년의 경우 본인의 승낙 여부와 관계없이 매춘업에 종사하는 것을 전면 금지하고 있다. 그러나 실제로 동원된 여성 중에는 미성년자가 다수 포함되어 있었다.

이러한 규정 자체가 평화를 가장하면서 여성에 대한 인권 침해로 이어졌다. 특히 아시아 태평양 전쟁에서 일본군은 규정을 무시하고 식민지와 점령지의 여성들을 전리품으로 취급하며 성노예로 동원했다. 따라서 원천적으로 침략 전쟁을 막는 반전 평화로 나아가야만 전쟁과 인권 문제를 해결할 수 있다.

연합군에 의해 일본에서 점령지로 가는 해상 보급로가 차단되면서 일본은 패망의 길로 들어섰고, 패잔병들은 무장해제한 채 자국으로 돌아갔다. 그러나 현지에 그대로 남겨져 삶을 꾸려야 하는 피해자들은 자신의 이야기가 드러날 수밖에 없었다. 일본군에게 받은 상처를 보듬지 못한 채 터전의 주변을 맴돌며 살아야만 했다. 사회적으로는 많은 사람이 전쟁 시기에 어쩔 수 없이 일어난 불행한 일이라며 성노예 피해자의 고통에 공감하기도 한다. 그러나 모두가 피해자의 고통을 이해하며 받아들이는 것은 아니다.

일본군이 여성들에게 남긴 상처, 문신 등은 늘 그녀들의 가슴속에 찰싹 달라붙어 있었다. 피해 사실이 세상에 알려지면, 사람들은 그녀들을 곱지 않은 시선으로 바라봤다. 한국에서는 유교 사상과 가부장적인 시선으로 '화냥년'이라고 불렀다면, 인도네시아와 같은 이슬람 국가에서는 '명예살인'으로 그녀들을 괴롭혔다.

오늘은 아침부터 저녁까지 하루에 3~5명의 피해자를 만난 인도네시아 술라웨시에서의 바쁜 일정을 마치는 날이다. 마카사르 인근에서 파레파레, 토라자까지 일본군이 진출했던 전선을 따라 피해자 16명을 만날 수 있었다. 오후 5시 비행기여서 오전 중에 마카사르 인근의 피해자 2명을 더 만나기로 하고 이른 아침 남술라웨시 티둥으로 향한다. 평상시라면 금방 도착할 가까운 거리인데 우기를 연상케 하는 폭우가 시야를 가려 피해자를 만나러 가는 길은 더디기만 하다.

골목길에 내려 마치 우산을 뚫을 듯한 빗줄기 속을 내달려 셍아(센가)의 집에 도착했다. 비가 내리지만, 천장의 반투명 슬레이트로 은은히 퍼지는 빛이 집 안을 밝히고 있다. 바깥 날씨와는 대조된다. 대리석 바닥에 단출하게 놓인 의자와 재봉틀, 진열장은 정갈하게 제자리를 지키고 있다. 그 앞에서 셍아와 가까이 사는 진투Jintu 피해자가 나를 맞이하고 있다. 두 사람이 친근해 보이는 것이 하루 이틀 만난 사이는 아닌 듯하다.

셍아는 자신이 언제 태어났는지 정확한 나이를 기억하지 못하고 있다. 다만 자신이 일본군에게 동원되었을 당시 열다섯 살이었던 것만 기억한다. 그녀가 동원된 나이와 위안소에 있던 시기로 미루어 1930년에 태어난 것을 알 수 있었다. 그녀는 지금 사는 이곳에서 태어났다. 아버지는 농사를 짓고, 어머니는 집안일을 도맡았다. 오빠 하나에 동생 둘, 남부럽지 않게 살고 있었다.

"일본군이 왔을 때 부모님이 집에 안 계셔서 나는 숨었어요. 곧 그들에게 붙잡혔지요." 집에서 놀고 있는데 5명의 일본군이 들이닥쳤다. 부모님은 일하러 나갔기 때문에 무서워 어쩔 줄 몰라 숨기만 했다. 집 안을 뒤지는 일본군에게 금방 발각되었고, 그들은 부모가 어디 있는지 물었다. 그녀는 일본말을 알아들을 수 없었다. 일본군의 긴 총과 칼을 보자 몸은 굳었고 아무것도 할 수 없었다. 그녀가 어디로 끌려갔는지 부모님은 몰랐다.

"일본군 한 명이 덤비려 해서 팔로 밀쳤어요. 있는 힘을 다해…… 무언가가 허벅지로…… 순간 아픈 줄도 몰랐어요." 일본군은 그녀를 숲으로 끌고 갔다. 그곳에는 일본군 병영이 여러 개 있었다. 군인들이 하나둘 그녀를 덮치기 시작했다. 이야기를 나누는 동안 셍아의 허벅지에 3~4센티미터의 길게 나 있는 상처가 눈에 들어온다. 부대 안에서 일본군의 검에 찔린 상처가 그대로 남아 있다. 그녀는 일본군에게 저항했고, 화가 난 군인은 칼로 그녀의 허벅지를 찔렀다. 칼에 찔리자마자 그녀는 실신해 그 후의 기억을 잊어버렸다. 칼이 대동맥을 지나쳤다면 피를 막아내기 어려웠을 것이다.

"거기가 몹시 가려웠어요. 피가 수시로 났지요." 군부대에는 병이

_셍아

기쁨과 슬픔을 가지며 살아요

나 상처를 치료할 군의관이 없었다. 칼에 찔린 상처나 성기가 아파도 아무 방법이 없었다. 일본군은 장치(콘돔)를 하지 않고 그녀를 강간했다. 두 달 정도 그곳에 있었지만, 어떻게 해서 빠져나올 수 있었는지는 기억을 못 한다. 집으로 돌아왔을 때 부모에게는 일본군에게 잡혀 밥과 빨래 등 잡일을 했을 뿐이라고 말했다. 가족들이 어떻게 받아들일지 몰라 강간을 당했다는 말을 차마 할 수가 없었다. 전쟁 말기 변방의 전선으로 갈수록 일본군의 광기 어린 잔인함과 점령지에서의 민간인에 대한 폭력은 점점 심해졌다.

그녀는 결혼하면서 남편에게 도저히 자신의 과거를 말할 수가 없었다. 그러나 그녀의 남편은 마을 주민들이 수군대는 소문으로 그 사실을 알고 있었다. 그는 그녀에게 그 일에 대해 죽을 때까지 침묵했다. 그녀는 심한 두통을 앓고 있지만 병원에 다니지는 않는다. 다만 일본 정부가 치료에 필요한 약과 돈을 지원해주길 바랄 뿐이다.

"우리는 기쁨과 슬픔을 갖고 살아요." 이웃에서 놀러 온 진투와 그녀는 이야기꽃을 피우기도 하고 심각한 표정을 나누기도 한다. 70여 년 전 인간으로서 겪어서는 안 되는 일을 당했기 때문에 그녀들의 삶은 고난의 연속이다. 또한 당시의 일로 끝나지 않고 지금까지 그 고통은 이어져오고 있다. 다만 인간이라면 누구에게나 희로애락喜怒哀樂이 있다. 성노예 피해를 당했다고 해서 항상 고통을 움켜쥐고 살아가는 것은 아니다. 남편을 만나 가정을 꾸리고, 자식들과 행복 속에서 살았다. 내 사진과 글 속에 그녀들의 분노와 슬픔인 '노애怒哀'만 있다보니 나머지 것을 보여줄 기회가 적을 뿐이다. 그녀들도 가족

들과 일상 속에서 기쁨과 즐거움을 느끼며 살고 있고 이웃과 함께
어울려 사는 평범한 인간이고 여성이다.

"젊은 세대가 기억해야 해"

_김복득

김복득

1918년(2018년 사망) 한국 경상남도 출생

1939년 21세에 7년간 중국, 필리핀 동원

나는 1996년 처음으로 나눔의 집에서 피해자들을 만나고 그녀들의 삶을 기록하기 시작했다. 기록을 해나갈수록 다른 지역에 사는 200여 명의 피해자는 어떤 모습으로 지내고 있는지 궁금했다. 당시 피해자를 만날 수 있는 곳은 서울 일본대사관 앞 수요집회가 전부였다. 한국 여성가족부에 피해자 정보를 문의해보기도 하고, 시민단체에 어떻게 하면 피해자를 만날 수 있는지 알아보았다. 개인 정보이기 때문에 알려줄 수 없다는 답변이 전부여서 좀 야속하기도 했지만, 안팎으로 민감한 피해자의 사생활 보호를 위한 것이니 틀린 말은 아니었다.

수요집회에 나오는 문필기와 김은례 피해자에게 사진을 찍어 좀 더 많은 사람에게 알리고 싶다는 내 생각을 설명했다. 집회가 끝나고 여러 차례에 걸쳐 그녀들이 사는 집으로 갔다. 함께 모여 사는 나눔의 집에 비해 임대주택에 살고 있는 그녀들의 삶은 외롭고, 생활 환경이 열악해 아픔이 더 묻어 나왔다. 이후 경기도 파주, 고양, 경남

통영, 창원, 울산, 양산의 피해자들을 지역에서 '위안부' 관련 활동을 하는 이들에게 물어물어 찾아다녔다. 가정을 꾸리고 유지하며 사는 피해자는 드물었다. 결혼을 했더라도 자식이 없어 홀로 지내는 이들이 많았다.

경기도 고양시 황순이 피해자는 비닐하우스 안에 지은 집에서 살았고, 파주의 박유년 피해자는 농촌 마을의 흙집 단칸방에 살고 있었다. 박유년의 집을 방문했을 때, 그녀는 온돌을 덥히기 위해 아궁이에 불을 지피고 있었다. 굴뚝 밖으로 빠지지 못한 매캐한 연기가 구들장 틈새로 새고 있었다. 허리를 숙이고 들어간 방은 비교적 작은 키인 나조차 천장에 닿을락 말락 해 구부정하게 서 있어야 했다. 천장에 발라놓은 황토가 그대로 노출되어 건드리기만 해도 무너져 내릴 듯했다.

지금까지 한국에서 240명, 북한에서 219명의 피해자가 신고 등록되었지만 실제 존재하는 정확한 피해자의 수치는 산정 불가능하다. 한국에서는 남북을 합쳐 20만 명의 여성이 동원되었다고 추정만 할 뿐이다. 기록이나 추적 조사가 이루어지지 않아 피해자 수는 더 적을 수도 더 많을 수도 있다. 당시 피해 사실을 억울해해 등록하거나, 현재 생활 환경의 어려움 때문에 등록하는 등 피해자마다 상황은 제각각이다. 등록을 시작한 초반에는 피해자가 직접 나서서 신고하고 싶었지만, 세상에 자신의 존재와 피해 사실이 알려지면 차별과 같은 2차 피해가 생기기 때문에 망설이는 이들이 많았다.

2000년에는 경상남도 통영 지역으로 4명의 피해자를 찾아 나섰

62

다. 다른 지역에 비해 신고된 피해자 수가 가장 많은 지역이다. 피해자 증언을 연구하는 한국정신대연구소 고혜정 소장과 함께 증언 녹취와 사진 기록을 했다. 일상적인 이야기를 할 때는 셋이 같이 있었지만, 위안소에서의 상황을 말할 때면 나는 항상 밖으로 나가 마칠 때까지 기다려야 했다. 그때만 해도 나눔의 집을 제외한 다른 지역에서 내가 피해자의 당시 이야기를 직접 듣기란 불가능했다.

2018년에 그들 네 명 중 셋은 세상을 등졌고 마지막 남은 김복득의 백수잔치가 요양병원 지하 강당에서 열렸다. 그녀는 관절염과 신경통이 심해 일상생활이 어려워지자 2013년부터 요양병원에 입원해 있었다. 장수를 축하하기 위해 인근의 시민과 정치인들이 모였다. 그녀는 침대에 앉은 채 바닥으로 내려걷지는 못했지만, 화장에 때때옷까지 곱게 차려입었다. 200명이 넘는 축하객의 축사와 공연이 두 시간 동안 이어지는 잔치에도 그녀는 힘든 기색 없이 즐겁게 손님들을 맞아주었다.

김복득은 통영에서 삼남매 중 맏이로 태어났다. 통영은 일제강점기에 수탈한 식량과 자원을 일본으로 실어 나르는 곳이었다. 아버지는 그녀가 열두 살이 되던 해에 돌아가셔서 집안 형편은 더더욱 나빴다. 학교에 다닐 나이지만, 어려서부터 어머니를 따라 그물 공장에 나가 허드렛일을 해야만 했다.

'나를 따라가면 돈 많이 버는 공장에 취직시켜줄게, 가자.' 공장 일을 쉬는 날 거제에 있는 고모 집에 가기 위해 강구안에서 배를 기다리고 있었다. 낯선 남자의 호의가 그녀는 두려웠다. 싫다고 하는 그

젊은 세대가 기억해야 해

녀를 남자는 강제로 끌고 부산행 배에 태웠다. 또래의 여자 두 명이 같이 탔고, 남자는 곧 좋은 곳에 취직시켜주겠다며 설득했다. 그녀는 어머니에게 알릴 틈도 없이 고향을 떠나야만 했다.

부산에서 하룻밤 묵고 어디로 가는지 모른 채 또다시 배를 타야 했다. 며칠이 지나서야 사람들이 '다리엔大連(다롄)'이라고 말해서 중국에 온 것을 알았다. 항구에 내려 차를 타고 도착한 곳은 10여 개의 하꼬방이 줄지어 있는 이층집이었다. 그곳의 주인은 방마다 여자들을 한 명씩 집어넣었다. 이미 그곳에 있던 여자들은 화장을 하고 고운 옷을 입고 있었다.

"성병에 안 걸리려고 밑에다 가루를 뿌리고, 팔뚝에는 606호 주사도 맞았어." 누런 군복의 일본군이 올 때까지 그녀는 여기가 무엇을 하는 곳인지 알지 못했다. 방에서 숨죽인 채 있었을 뿐이다. 그녀의 방으로 갑자기 들이닥친 일본군은 허리에 찬 칼을 풀고, 바지를 내리며 달려들었다. 아무리 저항해도 힘센 군인을 당할 재간은 없었다. 매일 10여 명의 일본군이 왔다. 평일에는 사병이 왔고, 주말에는 높은 사람이 찾아왔다. 전투를 마친 부대가 찾아올 때면 옷을 입을, 밥을 먹을 틈도 없이 군인들이 밀려들어 정신이 없었다.

3년이 지날 무렵 그녀는 다시 배에 태워져 필리핀으로 보내졌다. 그곳에는 20명의 조선 여자가 있었고, 간혹 일본 여자도 한두 명 있었다. 일본인 부부가 위안소를 관리했는데, 그들은 그녀를 김복득 대신 '후미코ふみこ'라고 불렀다. 그녀는 그곳에서 만난 일본군 장교와 친해져 그에게 고향에 돌아갈 수 있게 탈출시켜달라고 애원했고, 그

장교는 당장은 어렵다며 기회를 기다려보자고 했다.

3년 만에 그 장교는 그녀를 위안소에서 빼돌려 배에 태웠다. 막연하게 고향에 돌아갈 수 있다는 기쁨에 가득 차 있는 순간 '쿵' 하는 소리가 났다. 배는 연합군에 의해 폭침을 당했고, 인근 섬에 도착했다. 그곳에서 1년이 지난 후에야 일본 군함을 타고 나가사키長崎로 왔다. 거기서 다시 부산으로 가는 배를 탔고, 부산에서 통영으로 왔다.

"위안부였다는 소문이 났어. 따가운 시선 속에서 괴롭게 살았지." 7년 만에 고향에서 처음 만난 사람은 이모였다. 어머니는 딸을 잃은 슬픔에 그녀가 떠난 지 얼마 되지 않아 속앓이하다 죽었다. 그녀는 먹고살기 위해 무슨 일이든 해야 했다. 닥치는 대로 일했지만, '위안부'라는 딱지로 번번이 그만두기를 반복했다.

결혼은 생각도, 꿈도 꾸지 않았다. 이웃이 남자를 소개했는데 첩자리였다. 이웃이 야속하기도 했고 마음도 내키지 않았다. 하지만 어느 날 밤 그 남자가 찾아와 그녀를 겁탈하더니 남편 행세를 하기 시작했다. 결국 그녀는 남자의 부인 및 그 막내아들과 함께 사는 처지가 되었다. 첩살이 중에 두 차례 임신을 했지만, 모두 넉 달 만에 유산되었다. 알코올 중독자 남편은 폭력이 심했다. 의외로 본처가 그녀의 마음을 달래주었고, 그녀는 본처를 의지하며 살았다. 그녀가 쉰즈음 남편은 심장병으로 죽었다.

"비극의 역사를 젊은 세대가 기억해야 해." 그녀는 서울에 있는 수요집회에 참여하고, 2007년 일본 시민단체의 초청으로 오사카와 나고야에 직접 피해 증언을 다녔다. 매월 정부와 지자체에서 지원되는

안부 피해 ～
탄원엽서보내기운동
3일[월] 오전 11시   장소 : 통영시청 제
본군 '위안부'할머니와함께하는통영거제시민도

200여 만 원의 일본군 '위안부' 피해자 생활지원금을 아껴 쓰며 모았다. 월세 15만 원의 단칸방에 살면서 2012년에는 도내 학생들의 장학금으로 2000만 원을 내놓았다. 그리고 2013년에는 경남 일본군 '위안부' 역사관 건립 기금으로 2000만 원을 쾌척했다. 그녀는 학생들의 교육을 위해 증언하고 '나를 잊지 마세요!' 일대기를 출간했다 (경상남도 교육청, 2013년 3월). 피해자에서 인권운동가로 거듭나면서 통영지역에서 일본군 성노예 문제 해결의 구심체 역할을 했다.

당하다

"일본에 봉사하고 싶지 않았어요"
_친다

친다 렝게Tjinda Lengge
1932년 인도네시아 술라웨시 출생
1945년 14세에 6개월간 동원

아시아 일본군의 성노에 피해를 입었던 나라들 곳곳에는 일본군이 사용하던 위안소 건물이 그 형태를 유지하고 있다. 우리는 흔히 위안소라 하면 사진이나 영상에서 봐왔던 판자로 만든 건물 앞에서 군인들이 성교를 위해 줄 서 있는 모습을 상상한다. 막상 최초의 위안소 형식을 갖춘 '다이이치 살롱大一沙龍'과 당시 공공건물을 빼앗아 만든 '에마누엘Emmanuel 병원' '아라얏 중앙학교Arayat centual school', 건물은 없어지고 터만 남은 경우 등 내가 방문한 40여 곳은 다양한 형태로 남아 있었다.

중일전쟁 이전 1932년부터 상하이 일본 조계지에서는 해군 장교를 위한 '다이이치 살롱'을 사교 클럽 형태로 운영했다. 술과 음식을 팔기도 했지만, 회장 가운데에는 분수대가 있었고, 악사들이 악기를 연주했다. 그 주변으로 기모노를 입은 여성들이 장교와 짝지어 춤을 추며 즐기는 요리점 형태다. 그리고 남녀가 눈이 맞아 2층 방으로 올라가 성교할 뿐, 두 사람의 관계에 업소는 아무런 개입이 없다는 방

식이다. 당시 일본에는 공창제로 성매매가 합법이었으나 중국은 불법
이어서 요리점 형식을 빌려 눈 가리고 아웅 하는 식으로 운영했다.
이러한 형식은 관동군이 주둔하던 만주괴뢰국에서도 적용되어 대부
분의 위안소가 요리점이나 유곽 형태로 운영되었다.

필리핀 파나이섬 록사스에는 일본군 수비대로 사용하던 에마누
엘 병원과 시내에 스페인식 폐건물이 남아 있다. 에마누엘 병원은 미
국의 식민지 시기인 1908년에 병원으로 지어졌다. 여러 동으로 구성
된 병원은 미로처럼 연결되어 있어 일본군은 이곳을 점령하면서 수
비대, 포로수용소, 위안소로 사용했다. 이 지역의 피해자 펠리시마
Felicisima와 파시타Pacita가 바로 이곳에 강제 동원되어 성노예가 되
었다.

시내 가까운 천변의 스페인식 건물은 무너져 내리고 있어 입구가
폐쇄되어 있다. 세월이 흘러 낡았지만, 2층짜리 목조 건물의 창문 부
분에 튀어나와 있는 조각 장식의 화려함으로 미루어 당시 얼마나 부
유한 집이었는지 짐작할 수 있다. 좌우로 길게 뻗은 건물은 규모 또
한 작지 않다. 이곳은 주로 장교들이 사교 클럽 형태로 이용하던 위
안소였다.

인도네시아 술라웨시 마카사르 북부 발로시에는 위안소 터만 남
아 있다. 철조망으로 넓게 둘러싸인 채 다른 용도로 사용하지 않아
수풀로 덮여 있다. 대부분의 집이 나무나 대나무로 만들어졌기 때문
에 시간이 흐르면서 따라 허물어졌다. 지금은 마을 사람들에 의해
터만 기억될 뿐, 몇 명의 여성이 있었는지, 일본군이 주변에 얼마나

_친다

주둔했는지는 알 수 없다. 세대가 바뀌면 위안소 터에 대한 기억이 사라질 것은 불 보듯 뻔한 일이다.

2014년에는 마카사르를 중심으로 피해자를 만났다면, 이번에는 섬 안쪽에 있는 피해자를 찾아 나선다. 술라웨시 안쪽으로 들어가기 위한 첫 관문인 파레파레 시내 한가운데에는 높게 솟은 시계탑과 대리석 건물이 띄엄띄엄 있다. 네덜란드의 식민지였던 만큼 유럽 도시의 고풍스러움과 옛 항구 도시의 영화를 입증한다.

친다의 집으로 가는 줄로만 알았는데, 우선 이곳 지원자의 집으로 간다. 대부분 피해자 집으로 찾아가지만, 이웃의 시선이 있거나 주변 상황이 여의치 않을 때는 호텔이나 식당 등 다른 장소에서 만나 이야기를 나누기도 한다. 그녀는 낯선 외국인인 나를 경계하면서도 미소를 잃지 않으려 하고 있다. 자신의 집이 아니어서 그런지 그녀는 소파에 앉아서도 등을 기대지 못한 채 꼿꼿이 세우고 있다. 긴장을 풀기 위해 인사를 하고 차를 한 잔 마시며 일상적인 대화로 이야기를 풀어나간다.

친다가 태어난 곳은 지금 사는 파레파레가 아니다. 오히려 마카사르에서 가까운 폴마스에서 태어났다. 어머니는 전업주부였고, 아버지는 시장 상인으로 부족함 없이 살았다. 마카사르가 술라웨시에서 가장 큰 도시인 만큼 인근 지역에는 폭격이 많았다. 그녀가 사는 마을도 예외가 아니어서 공습으로 모두 불탔다. 마을은 쑥대밭이 되었고 일본군의 약탈과 탄압은 심해졌다. 그녀와 가족은 일본군이 없는 곳을 찾아가는 것이 급선무라 생각했다. 그래서 마카사르보다 더 먼 이곳까지 왔다. 그러나 그녀가 파레파레에 도착했을 때는 원래 살던 마을에서보다 더 많은 일본군이 긴 총을 든 채 도시를 가득 메우고 있었다.

"엄마를 대신해 공장에서 일해야 한다며 나를 강제로 데려갔어요." 아버지는 생계를 위해 시장에 나가 무엇이든 팔아야만 했다. 어머니는 면사를 만드는 공장에서 일하게 되었다. 어렸던 그녀는 집에 혼자 있기가 무서워 어머니가 일하는 공장까지 따라나섰다. 얼마 지나지 않아 어머니는 병이 생겨 일을 할 수 없게 되었고 그녀도 더 이상 면사 공장에 가지 않았다. 그 사실을 알게 된 일본인 관리는 집에 누워 있는 엄마를 대신해 일하라며 집까지 찾아와 그녀를 끌고 갔다. 관리인은 공장에 데려가 그녀에게 일을 시켰고 집으로 돌아가는 것을 허락하지 않았다.

"일본에 봉사하고 싶지 않았어요. 그럴 때마다 그들에게 매를 맞을 수밖에 없었어요." 어느 날 일본군이 공장 시찰을 위해 방문했다. 그때 둘러보던 오케다라는 장교의 눈에 그녀가 들어와 그는 열두 살밖에 안 된 친다를 위안소로 데려갔다. 위안소에는 이미 30여 명의 여자가 있었다. 그녀에게는 매일 3명의 일본군이 찾아와 자신을 섬기라고 강요했다.

위안소에는 성병이나 임신으로부터 그녀 자신을 보호할 콘돔이 없었다. 열병을 앓을 때도 아무런 치료를 받지 못했다. 당시 아파서 죽은 친구가 있었다. 또 임신한 여자도 여럿 있었다. 그런 일이 생기면 일본군은 여자들을 집으로 돌려보냈다. 그녀는 성노예 생활을 하

던 중 일본군이 패망하고 떠나면서 6개월 만에 집으로 놀아왔다. 불행히도 어머니는 병환으로 죽은 뒤였다. 그녀는 슬픔에 빠져 무엇을 해야 할지 몰랐다. 살아생전 어머니는 그녀에게 쿠키 만드는 것을 가르쳐주었다. 그리고 지금까지 그것을 만들어 팔아 생계를 이어가고 있다.

그녀의 집은 차로 10분 정도 거리에 있다. 들어가는 입구는 텃밭이라 도랑의 흙을 밟고 지나가야 한다. 각목과 판자로 얼키설키 엮은 집은 이곳의 특색에 맞게 아래를 비워두고 지었다. 그녀의 집은 그 아래 빈 공간을 양철 슬레이트로 막아 방으로 사용하고 있다. 키가 크지 않은 그녀인데도 천장에 머리가 닿을 듯하다. 흙바닥은 마감이 되지 않아 땅에서 올라오는 습기와 벌레를 그대로 받아들이고 있다.

"일본군이 나한테 한 것 때문에 아무도 나를 원하지 않았어요." 2층의 젊은 부부가 아이를 안고 친다와 집을 둘러보는 내내 계속해서 따라다닌다. 먼 친척도 아니고 그저 이웃사촌이다. 그녀는 당시 위안소에 있었다는 수치심 때문에 결혼을 하지 않았고, 자식이 없기 때문에 이 마을에서 계속 홀로 살아왔다.

그녀는 동지 팥죽 새알 크기의 찹쌀 반죽을 익혀 야자 가루를 묻힌 과자를 만든다. 과자를 만드는 동안 2층에 사는 여성이 손발을 맞추는데 아무래도 둘이 자주 해본 모양이다. 네 알에 1000루피(100원 정도)를 매겨 시장 제과점에 내다 판다. 하루에 수백 개를 만들어도 그녀가 들이는 품에 비해 수익은 그리 크지 않다. 이곳의 싼 물가를 고려해도 그녀의 생활에 얼마나 도움이 될지 걱정이 앞선다.

"여기가 마당이고, 저 위쪽으로 위안소 건물이 있었어. 그리고 저기 보이는 뾰족한 지붕의 집이 일본군이 모여서 회의도 하고 놀던 곳이야." 이야기하던 중 나온 위안소가 그리 멀리 않은 곳이어서 가보기로 한다. 차로 마을을 돌아 5분 만에 도착한다. 걸어서 가로질러 가도 10분이 채 되지 않는 곳이다. 농작물을 키우고 있는 밭에 울타리가 있어 직접 들어갈 수는 없다. 그녀는 손가락으로 이곳저곳을 가리키며 기억나는 모든 것을 담담하게 설명하면서도 때때로 뒤돌아 눈물을 훔친다.

그녀는 시장을 오갈 때마다 이 앞을 지나야 해서, 힘들더라도 다른 길로 에둘러 간다. 자신이 겪은 장소에서 평생을 벗어나지 못하고 한마을에서 살아왔다. 이곳을 지나칠 때면 그녀의 가슴에 묻혀 있던 기억은 더욱더 쌩쌩해진다. 70여 년이 지난 지금 그녀의 기억에서는 지워지지 않는 흔적으로 남아 있다. 보통의 상황, 보통의 사람이었다면 70년 전 일을 기억하기란 쉽지 않다. 그녀는 당시의 충격을 고스란히 간직할 뿐 아니라, 항상 가까이서 지켜봐야 하는 현실 속에 살아오고 있다. 그녀에게 있어 위안소에서의 고통은 지울 수 없는 것이다. 피해 현장에서의 증언은 더욱더 그렇다.

_친다

"기절했을 때조차
나를 데리고 잤어요"

_페덴시아

페덴시아 다비드Fedencia Nacar David

1927년 필리핀 루손 출생

1942년 14세에 10일+1개월간 두 번 동원

아시아의 피해자를 만나러 다니다보면 자연스레 일본 사람들을 만나게 된다. 나와 같은 목적을 가지고 피해자를 만나 이야기를 들으며 연구·지원하는 이가 있고, 전쟁 현장에서 만나는 여행객도 있다. 필리핀 마닐라에서 피해자와 만나는 일정을 기다리는 동안 일본군과 미군의 전투가 가장 심했던 코레히도르섬에 가보았다. 마닐라만에서 배로 한 시간 거리의 섬은 루손 마닐라로 들어오기 위한 관문이다. 일본군이 마닐라를 점령하고 해상으로 물자를 운반하기 위해 꼭 차지해야 했던 전략적 요충지다. 일본은 진주만을 기습 공격하고 미군의 해상 보급과 전력에 손실을 가하면서 코레히도르 전투에서 이길 수 있었다. 섬을 안내하는 가이드는 영어와 일본어로 진행된다. 나는 10여 명의 젊은 일본 여행객과 일본어로 설명해주는 관광버스에 올랐다.

　길 양옆에는 시멘트 뼈대만 남은 3층 막사가 양쪽으로 길게 뻗어 있다. 큰 건물과 군 작전 본부로 사용하던 마린타 터널이 당시 이

곳에 얼마나 많은 미군이 주둔했는지 짐작케 한다. 봉긋 솟은 언덕
에는 크레인이 아니면 도저히 움직이기 어려운 수 톤이 넘는 포대가
자리를 지키고 있다. '일본은 무슨 생각으로 미국에 도전한 걸까.' 사
이판섬에서 보았던 일본군의 대포와 전차는 미국의 전력과 극심한
차이를 보인다. 섬 곳곳에는 일본군이 방호용으로 사용했던 폐잔해
가 있다. 미국이 이곳을 다시 탈환하기 위해 얼마나 치열한 전투를
벌였을지 눈에 선하다. 일본 여행객들은 가이드의 권유에 따라 이곳
에서 전사한 일본군 영령에 잠시 묵념을 한다. 그들은 이곳 사람들
이 겪은 전쟁의 아픔과 기억보다는 자기네 선조들이 명예롭게 싸우
다 죽음을 맞이한 것에 존경심을 표한다.

마닐라는 종종 총기 사고가 발생하는 곳이어서 이곳 사람들도 외
진 동네와 골목을 꺼린다. 페덴시아를 보살피고 있는 롤라스 컴패니
아Lola's Companiera 단체의 크리스티나 씨 외에 3명의 지원자가 그녀
를 만나러 같이 가기 원해 다인승 차를 다시 빌렸다. 운전기사와 연
륜이 있어 보이는 안전요원이 같이 왔다. 그는 나에게 뒤로 메고 있
는 사진기 가방을 앞으로 메도록 하고 소매치기나 강도 등 혹시나
있을지 모를 사태에 대비해 내 행동 하나하나를 고쳐주며 안전을 강
조한다. 세차게 내리는 빗줄기와 상습 정체 구간을 벗어나 안티폴로
까지 가는 데는 제법 시간이 걸린다. 페인트가 벗겨진 집들이 즐비한
것이 외국인이 드나들 정도의 마을은 아니다. 사람들이 바삐 오가는
시장 길을 차로 비집고 들어가 잡화점 앞에 우리를 내려놓는다.

그 건물 2층으로 올라가는 입구는 한 사람이 겨우 다닐 만한 폭

기절했을 때조차 나를 데리고 잤어요

이다. 동공이 채 열리지 않아 발끝의 감각으로 어두침침한 바닥을 훑으며 계단을 올라간다. 집 안에는 따로 등을 밝히지 않고 있다. 거실 지붕 한가운데를 반투명 슬레이트로 만들어 밝지도 어둡지 않다. 노란색이 두드러진 연두색 벽면에는 그녀가 캐나다, 중국, 필리핀에서 증언활동을 한 사진들이 빼곡히 걸려 있다. 누가 오더라도 그녀를 한눈에 볼 수 있도록 만들어둔 것으로 미루어 이곳을 찾는 사람이 한둘은 아닌 듯하다.

페덴시아는 루손 다솔에서 태어났다. 할머니와 어머니, 아버지와 살았다. 할머니와 시장에 가는 길에 관청 앞에서 일본군이 그녀를 불러 세웠다. 그녀는 무서워서 발걸음을 서둘렀는데 마카필리Maka-pili(필리핀섬 애국 동지회. 일본군의 앞잡이 조직)가 오히려 '목을 벨 거다. 안 오면 죽는다'며 협박을 하며 그녀를 일본군 앞으로 끌고 가 세웠다. 일본군은 그녀의 얼굴을 때리며 손을 뒤로 해 밧줄로 묶었다.

"내 귀는 헌팅 칼로 잘렸어요. 내 귀가 붙어 있기를 바랐죠." 이야기를 나누는 와중에도 그녀의 귀가 눈에 거슬린다. 그녀는 겁탈하려는 일본군을 향해 큰소리로 저항했다. 그 군인은 칼로 그녀의 귀를 내리쳤다. 귀가 떨어져나가면서 피가 흐르고 정신을 잃을 만큼 통증이 왔다. 나중에 집으로 돌아온 후 사촌이 연고와 향유를 발라주어 상처는 덧나지 않았다. 그녀의 귀에는 여전히 상처가 나 있지만, 귀걸이 하는 것을 좋아한다.

"그곳에 여덟 명의 여자가 있었어요. 오직 여자만⋯⋯." 일본군이 수비대로 사용하는 관청에 감금된 채 강간을 당했다. 그 후 열흘 만

에 영문도 모른 채 풀려났다. 그녀는 어려서 집에 돌아올 수 있었다
고 생각했지만, 일본군이 그녀를 돌려보낸 것은 게릴라 활동을 하는
그녀의 가족들 동향을 파악하고 감시하기 위해서였다.

"내 집에 온 사람들(일본군) 전부 나를 강간하려 했어요. 그들은 심
지어 내가 기절했을 때조차 나를 데리고 갔어요." 아버지는 일본군
의 눈을 피해 산으로 도망갔기 때문에 그녀는 집에 혼자 남겨진 상
태였다. 여러 군인이 그녀의 집을 수시로 오가며 성폭행을 했다. 그
녀의 할머니는 일본군에게 강간당한 뒤 살해되었다. 할머니는 그녀
의 어머니가 돌아가신 후 유일하게 그녀를 돌보던 이였기에 그녀는
누구보다도 할머니를 의지하며 살아왔다. 일본군은 한 달간 그녀의
집을 들락거리며 계속해서 학대했다. 일본군이 다른 곳으로 이동한
후에야 학대는 그쳤다.

"정신적 외상으로 인해 기억상실증에 걸린 적이 있어요." 어린 나
이에 당한 무차별적인 성폭력은 큰 충격이었다. 그래서 한동안 말을
하지 못했다. 그 외에 다른 곳은 아프다고 생각해본 적이 없다. 그녀
는 하느님의 보호로 임신이나 다른 외상은 없었다고 생각한다.

방 반대편 시장가로 난 창가에는 발을 움직여 작동하는 고풍스러
운 재봉틀이 보인다. 안 입는 헌 옷을 잘게 자른 천 조각을 모아 둥
근 모양을 만드는 데는 시간이 걸리지만, 재봉틀로 5초 정도 돌려
박아 손바닥 크기의 걸레를 만든다. 능숙한 솜씨로 시간이 날 때마
다 소일거리 삼아 하기 때문에 오히려 건강에 좋다고 말한다. 아래층
잡화점에서 한 개에 1페소(30원)이니 그녀에게 돌아오는 돈은 그것

보다 적다. 만들어놓은 걸레가 몇 개 남았는지 물었더니 40~50개라고 해서 일본으로 돌아가 지인들에게 줄 선물로 전부 샀다.

그녀는 이 문제의 심각성에 대해 일찍이 인식하고 있었다. 1992년 필리핀 '위안부'조사위원회에서 처음 증언을 했다. 같은 처지의 여자들이 있어 더 용기 내어 말할 수 있었다. 1998년에는 필리핀 정부에 해결을 독려하고자 부통령 후보인 글로리아 마카파갈 아로요를 당선시키기 위한 캠페인을 했다. 글로리아는 부통령이 된다면 일본에 가서 위안부 문제를 해결하고 충분한 보상을 우선적으로 하기로 피해자들에게 약속했다. 그 후 당선이 됐지만 오히려 피해자들을 만나주지 않는 등 이 사안에 눈을 감았다.

"나는 일본 국가와 국민이 필리핀에서 일본군이 한 행위를 눈치채지(알지) 못했다는 것을 깨달았어요." 그녀는 최근에도 마닐라만에 있는 일본대사관에 직접 찾아가 문제 해결과 자신들의 정의 회복을 위한 시위를 이어나갔다. 그녀는 직접 일본, 중국, 한국, 캐나다 등지를 돌며 증언 집회를 열면서 항변을 이어나갔다. 일본 시민들은 일본군에 의해 그녀가 어떤 희생을 치렀는지 알고 싶어했고 그녀의 이야기를 경청하며 고통을 나누었다.

그녀의 방은 촘촘히 둘러싸인 가구와 자잘한 짐 때문에 한 사람이 눕기에도 비좁다. 문으로 들어서자마자 마주 보이는 장식장 안에는 그녀가 아끼는 소품과 작은 사진들이 소소하게 진열되어 있다. 여러 소품이 모여 그녀의 삶과 행복한 추억을 보여주고 있다. 자신이 기억하고 싶은 것을 그 안에 넣어두지만, 그녀의 기억에는 또 다른

_페덴시아

것도 존재한다. 불과 한 시간 전 증언을 위해 지우고 싶은 고통의 기억을 떠올려야 했다. 그 기운이 가시기도 전 장식장 앞에 선 그녀의 표정에 웃음과 고뇌, 만감이 오가는 것이 그대로 드러난다. 얼마의 시간이 흘러야 일상으로 되돌아가 안정을 찾을 수 있을지…… 그녀의 표정은 계속 어둡기만 하다.

"거기서 피가 묻어 나왔어"

_왕즈펑

왕즈펑 王志鳳
1923년 중국 하이난 출생
1939년 16세에 10일간 동원

따뜻한 하이난 지역의 피해자를 찾아가는 길 양쪽에는 고무나무가 즐비하다. 당시 일본군은 현지인을 강제 동원해 고무를 채취하게 했고 군수용으로 쓰려고 일본으로 수탈해갔다. 이곳은 철이 풍부한 지역이기도 하다. 1939년 일본군은 섬 북부 하이커우海口를 시작으로 남부 지역인 싼야三亜까지 점령해 들어갔다. 일본군은 군수 물자 확보를 위해 중국 본토로부터 노역자를 데려다 철광산을 개발했다. 또한 해군기지와 비행장 건설에도 동원했다.

1943년 전쟁이 긴박하게 돌아가면서 광산 개발과 비행장 건설에 모자란 일손을 조선 감옥에 있는 수형자들로 채울 계획을 세운다. 2000여 명이 '조선 보국대' 이름으로 동원되어 하이난에서 강제 노역을 당했다. 많은 조선인이 모여 지낸 싼야 인근 마을은 '조선촌'이라고까지 불렸다. 전쟁이 끝나자마자 일본군은 조선촌에 살던 그들을 학살한 후 그대로 땅에 묻었다. 그 이유에 대해서는 아직까지 밝혀지지 않고 있다. 2000여 명의 조선인 중 700여 명의 기록만 남아 있을 뿐, 1300명은 생존 여부를 알 수 없었다. 2001년, 말로만 전해 오던 조선촌을 발굴하면서 수많은 유골이 나오자 이곳을 '천인갱'이라 이름 붙였다.

싼야, 링수이陵水, 청마이澄邁에 일본군이 군사용 비행장을 건설하면서 중국 본토와 동남아로의 제공권을 가졌다. 그리고 싼야를 중심으로 바닷길을 통해 필리핀, 인도네시아 등지로 진출하기 위한 전초 기지로 삼았다. 일본군은 섬을 점령하는 동안 해안선과 주요 거점 지역에 60여 개의 위안소를 설치 관리했다. 청마이현 시내와 링수이 주택가에는 당시 사용하던 위안소 건물이 그대로 남아 있다. 그뿐 아니라 자원 수탈을 위한 보급로에는 2킬로미터마다 초소가 설치되었는데, 초병들은 마을 여성들을 수시로 이곳에 납치·감금한 뒤 성폭행했다.

하이난 청마이현은 특이하게도 현 사무소 문화부에 근무하는 황다창黃大强 선생이 피해자 안내를 맡아주고 있다. 2001년 헤이룽장성에서 피해자를 만나기 위해 공무원의 안내를 받았는데, 만나는 시간과 증언 내용까지 제약을 받았다. 이후 조심스레 공무원이나 공안의 눈을 피해 중국 곳곳의 피해자를 만나왔다. 이곳의 황 선생은 이 문제에 대해 직접 조사를 하면서 당시 일본군 부대 현황에서부터 피해자의 현재 생활까지 모두 알게 되었다고 한다.

그가 가지고 나온 차를 타고 왕즈펑이 사는 마을로 가는 길 양쪽에도 나무에 생채기가 나 있는 것이 모두가 고무나무다. 고무는 예나 지금이나 마을 사람들의 생계를 위한 주요 수입원이다. 투룽촌土

龍村은 당시 수많은 여성이 일본군으로부터 여러 차례 피해를 입은 지역이다. 현재는 리메이진李美金, 푸메이쥐苻美菊, 왕즈펑 이렇게 3명의 피해자만 남아 있다.

집과 집 사이의 골목을 비집고 들어서야 그녀를 만날 수 있다. 작은 키에 마른 몸집이고 얼굴에는 주름이 겹겹이 져 있다. 그녀는 우리 얼굴을 보자마자 알아듣기 어려운 말을 계속 한다. 통역으로 같이 간 조선족 이웅걸씨도 하이난에서 5년 동안 일했지만 그녀의 사투리는 도저히 알아들을 수 없다. 황 선생이 중간에 끼어 표준어로 전달해주기 전까지는 어떻게 할 방법이 없다. 나는 그녀의 얼굴을 마주 보며 경청하는 듯한 표정을 지을 뿐이다. 쉴 틈 없는 그녀의 이야기는 중간중간 이중 통역으로 토막 난 채 나에게 전달되어 온다.

왕즈펑은 집에서 4~5킬로미터 떨어진 외갓집에서 할머니가 만들어준 옷과 바지를 가지고 집으로 돌아오는 길이었다. 자주 오가는 길이라 안심하고 지나던 중, 총을 든 2명의 일본군과 마주쳤다. 놀라서 황급히 도망쳤지만, 군인이 빠른 걸음으로 성큼성큼 다가와 그녀를 잡았다. 뺨을 맞아가며 끌려간 부대에서는 중국인들이 막사를 만들고 있었다. 일본군은 지푸라기가 깔려 있는 어두운 창고에 그녀를 가두고 자물쇠를 채웠다.

"나를 내동댕이쳤어. 당하고 나니까 거기서 피가 묻어 나왔어." 그녀를 잡아온 일본군이 한밤중에 창고로 들어와 그녀의 옷을 벗기고 강제로 성폭행을 했다. 이후 또다시 창고에 갇히자 그녀는 울면서 살려달라고 소리쳤는데 들어주는 사람은 아무도 없었다. 이튿날 중국

거기서 피가 묻어 나왔어

_왕즈펑

노인이 죽을 가져다주면서 다른 방에도 몇 명의 여자가 있다고 귀띔을 해주었다. 그녀는 노인이 가져다주는 죽에 혹시 독이 들어 있진 않을까 싶어서 제대로 먹지도 못했다.

며칠 뒤 그녀와 여자들은 땅굴(참호)을 파는 일에 동원되었다. 일본군은 일하는 동안 누구와도 말을 못 하게 감시했다. 흙 나르는 일을 반복하다보니 손, 허리, 다리 등 안 아픈 곳이 없었다. 일본군은 힘들다고 하는 그녀에게 엄살 부리지 말라며 종아리를 세차게 내리쳤다. 상처가 생겼지만 제대로 치료하지 않아 썩어들어가기 시작했다. 지금도 종아리에는 움푹 팬 상처가 남아 있다. 그녀는 왜 맞아야 했는지 지금도 이해가 되질 않는다.

"더 이상 아무 말도 할 수 없었어. 일본군이 찾아오면 하고 싶은 대로 하게 내버려뒀어." 일본군이 창고로 들어오자 또 맞을까봐 조용히 당할 수밖에 없었다. 일본군의 발길은 끊이지 않았고, 아픔과 두려움이 온몸을 감쌌다. 갇혀 있는 동안 얼굴과 머리를 셀 수 없이 맞았다. 그녀는 부모가 찾아와 살려주기를 손꼽아 기다렸다. 그녀의 어머니는 할머니와 삼촌을 찾아가 30위안을 빌렸다. 이것으로는 부족해 집에 남아 있는 쌀을 메고 찾아가 일본군에게 사정사정한 뒤에야 군부대에서 겨우 풀려날 수 있었다.

"집에 와서 어머니가 상처를 치료해줘 나았지만, 마음의 상처는 영원히 낫지 않아." 일제강점기에 모두가 그랬듯 그녀의 가족도 생활이 녹록지 않았다. 입 하나 덜 요량으로 열아홉 살에 결혼을 했다. 이때 여섯 살, 열두 살 동생을 데려다 시댁에서 같이 살았다. 여전히 생활

은 어려워 남의 밭에서 채소를 주워다 죽을 끓여 먹으며 허기를 면했다.

해가 지려면 아직 시간이 남았지만, 작은 창문으로는 빛이 거의 들지 않는다. 거무튀튀한 시멘트는 벽지 없이 그대로 노출되어 독이 뿜어져 나오듯, 나의 코끝을 자극한다. 부엌에는 이미 낡을 대로 낡은 전기밥솥이 세월과 생활 형편을 그대로 반영하고 있다. 전깃줄은 허물이 벗겨져 언제 합선될지 모른다. 남아 있는 치아보다 빠진 치아가 더 많아 밥보다는 죽을 만드는 데 밥솥을 사용한다. 방으로 들어가는 문틀 위에는 액을 막아내기 위한 부적 세 장을 나란히 붙여두었다. 황금색 '복'자 외에 다른 글자의 의미는 모르지만, 안녕과 건강을 바라는 것만은 틀림없다. 하루에도 수차례 방문을 드나드는 그녀에게는 위안이 되는 부적이다.

항상 단정히 쪽 진 그녀의 머리가 인상적이다. 천장에서 끈으로 내려뜨린 바구니에는 머릿기름이 묻어 있는 빗과 거울로 사용하고 있는 오토바이 백미러가 있다. 그녀는 어두운 조명에 익숙한지, 필요한 물건을 잘 집어낸다. 수시로 눈이 마르는 걸까. 침대에 누워서 안약을 서너 방울씩 떨어뜨린다. 그것이 하이난의 강렬한 햇빛에 혹사당한 눈동자의 염증을 치료하는 방법의 전부인 것이다. 허연 머리카락에 길게 팬 주름 그리고 날카로운 말투와 찡그리는 눈살이 그녀를 상징한다. 일본군에게 피해를 입은 후 어떻게 살아왔는지 지금까지 이어져온 굴곡의 모습을 그대로 보여준다.

그녀를 비롯한 오지에 사는 피해자들은 아플 때마다 병원 치료를 받을 수가 없다. 아픈 곳이 있어도 자신의 병녕을 세내로 일지 못히는 경우가 다반사다. 70~80년 전의 신체적·정신적 고통은 피해자만의 몫으로 고스란히 남았다. 중국 정부의 관심은 오지의 피해자에게까지 미치지 않는다. 현 문화부에서 일하고 있는 황 선생이 개인적으로 이곳의 일본군 진지나 위안소, 피해자의 증언을 듣고서 정리하고 있을 뿐이다. 중앙 정부로부터 그녀들에게 지원되는 정책에 관해 그에게 물었지만, 당의 방침이 없기 때문에 현 차원에서 지원하는 것은 어렵다고 한다. 왜 방침이 없냐는 질문에도 방침이 없기 때문에 자신이 그녀들을 도울 방법이 없다는 말만 되풀이한다.

"나는 개나 말하고 똑같았어요"

_프란시스카

프란시스카 마르케두Fransisca Marcedu

1923년 동티모르 수아이 출생

1942년 19세에 3년간 동원

제2차 세계대전이 일어나기 전 아시아 태평양 연안 나라들의 상황은 어땠을까? 조선과 타이완은 일본, 말레이시아와 미얀마는 영국, 필리핀은 미국, 동티모르는 포르투갈, 수십 년에서 수백 년 동안 서구 열강의 식민지 지배를 받으며, 자원의 수탈과 노동력 착취, 문화와 인권을 말살당해왔다. 식민지 지배를 받는 각각의 나라는 전쟁에 대비한 군사력과 방어 체계를 충분히 갖추지 못했다. 일본은 서구 문물을 일찍 받아들이고, 식민지 탐욕을 배우면서 전쟁 준비를 했다. 그리하여 얼마 안 되는 무기와 군인으로 태평양 연안을 따라 동남아시아를 몇 개월 만에 점령할 수 있었다.

동티모르는 400여 년 동안 포르투갈의 식민지였지만, 일본군이 침략하면서 식민지에서 벗어날 수 있었다. 그러나 일본군은 동티모르 원주민을 동원해 군사 도로를 만들고, 어린 여자들을 성노예로 강제 동원하는 등 폭압적으로 침략했다. 일본이 패망하면서 동티모르는 다시 독립하지 못하고, 포르투갈의 식민지가 되었다가 1975년

나는 개나 말하고 똑같았어요

에야 독립했다. 그러나 이듬해 인도네시아에 의해 또다시 강압적으로 편입되었다. 침략과 식민지라는 반복되는 역사 속에서 동티모르의 여성들은 인도네시아군에게 수모를 당하는 두 번째 상처를 입게 된다. 2002년에야 다시 동티모르로 독립할 수 있었다.

수도 딜리의 반대편 수아이 외곽에 위치한 프란시스카의 집 앞에 아이와 어른 합쳐 12명쯤 되는 대가족이 나와 나를 반겨준다. 피해자로 보이는 80대 후반의 할머니 모습은 보이지 않는다. 자동차 고장으로 약속 시간보다 두 시간 늦게 오다보니 할머니는 앉아 있는 것이 피곤해 다시 방으로 돌아갔다고 한다. 큰아들의 안내를 받아 집 사이 좁은 골목을 따라 그녀의 방으로 간다. 방이라기보다는 공동수도와 음식을 조리하는 부엌 공간 한쪽에 침대만 두고 생활하는 형태다. 벽은 대나무로 만들어 통풍이 잘 되지만, 우리 기준으로 볼 때 그녀의 생활 환경은 너무나 열악하다.

다른 곳으로 이동하기보다는 좀 어수선하더라도 그녀에게 익숙한 이곳에서 이야기보따리를 푸는 것이 좋다고 여겨 자리를 잡았다. 이야기를 나누는 동안에도 외국인인 나와 사진기가 신기한지 서너 명의 아이가 계속해서 주변을 배회한다.

"일본군이 그 짓을 하지 않으면 부모님을 죽이겠다고 해서 어쩔 수 없었어요." 일본군이 왔을 때 그녀는 다토 토루에 살았다. 일본군은 수아이를 점령하면서 공동주택(군부대)을 설치했다. 갑자기 들이닥친 일본군은 딸을 내놓으라며 부모에게 소리를 질렀다. 그녀는 두려워 가기 싫다고 했지만, 일본군의 폭력 앞에 강제로 끌려갈 수밖에 없었다. 일본군은 납치가 아니라는 증거를 남기기 위해 형식적으로나마 부모의 허락을 받아 데려가는 것처럼 꾸몄다.

"난 많은 군인을 섬겨야 했어요. 하루에 10명이 넘기도 했지요." 일본군은 여자들을 '미스 스위트Miss sweet'라고 불렀다. 같이 간 여자들을 기다란 집에 가두었는데, 그 집 안에는 여러 개의 방이 있었고, 여자들을 각각의 방에 배치했다. 한 명이 끝나면 또 한 명의 군인이 연이어 들어왔다. 그녀는 무슨 수로도 그 상황을 멈출 수 없어 그저 일본군이 하는 대로 내버려두었다. 위안소에 끌려가기 전에는 아직 생리를 시작하지 않았다. 1년이 지나 첫 생리가 시작되었으나 불행 중 다행으로 임신이 되지는 않았다.

"일본군이 먼저 (문신을) 새기자고 했어요. 위안소에 있을 때……." 동티모르의 다른 피해자에게서도 문신을 볼 수 있지만, 그녀의 몸 곳곳에는 유독 알 수 없는 의미의 문신이 가득하다. 언뜻 보기에는 문양을 새겨넣은 듯하다. 그녀도 문신마다 어떤 의미를 지니는지 그때나 지금이나 알지 못한다. 글씨는 쭈글쭈글 늘어난 피부와 함께 흐릿해졌다. 문양은 군부대 마크를 상징하는 것으로 추정된다.

"나는 개나 말하고 똑같았어요. 내가 하는 말은 진짜예요." 그녀는 위안소에서 전리품으로 취급되며 인간적인 대우를 받지 못했다. 말 끝마다 자신이 하는 말에 '진짜'라는 꼬리표를 붙인다. 위안소 안에서는 쌀이 아닌 옥수수만 먹었다. 일본군에게 당한 대가로 그 무엇도 받지 못했다. 열악한 환경에서 하루 10명이 넘는 군인을 상대하느라 아팠지만, 약도 치료도 받을 수 없었다.

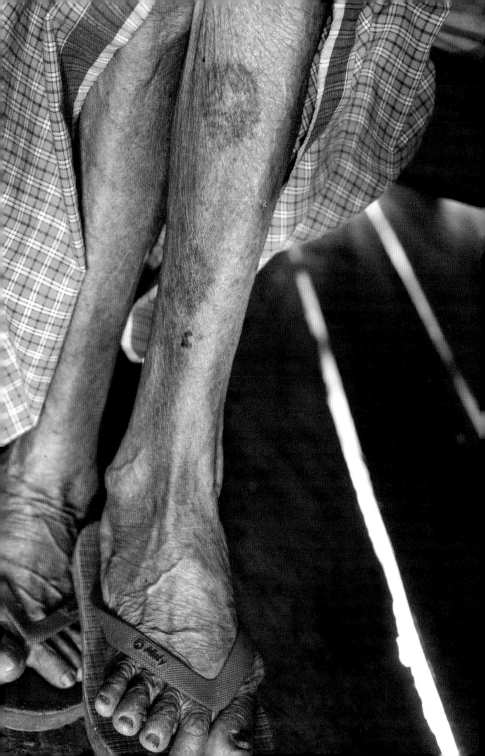

나는 개나 말하고 똑같았어요

"내가 스위트 레이디Sweet Lady였는 줄 남편은 몰랐어요." 그녀의 일본식 이름은 '도미코とみこ'였다. 그리고 다푸마코Dafumako, 도우Dou 두 명의 친구가 같이 있었다. 다른 친구 둘은 죽고 이제는 그녀 혼자 만 남았다. 3년 후 일본군이 돌아가고 나서야 그녀는 집으로 올 수 있었다. 돌아와 결혼을 했다. 지금은 아들딸, 손자들까지 합쳐 모두 20명이 넘는 대가족이다. 지금까지 만나본 가족들 등 가장 대가족 이라 집을 떠나기 전에 가족사진 한 장을 찍어주었다.

집 안 중간 복도에는 천주교회를 본떠 나무로 만든 건물 모형과 십자가가 자리 잡고 있다. 천주교가 이곳의 국교이기도 하지만, 그녀 와 가족이 오가며 기도를 하기 위해 만들어두었다. 창문으로 들어오 는 햇살에 건물 모형의 윤곽이 더 뚜렷해진다. 가던 길을 멈추고 성 호를 긋는 그녀의 표정은 잠시나마 평온해 보인다.

거실로 나오는 그녀의 옆구리에는 가죽처럼 생긴 비닐 가방이 굳 게 자리 잡고 있다. 때로는 떡 진 머리를 손질하기 위해 빗을 꺼내 빗어 쪽진다. 빗을 얼마나 사용했던지 머릿기름이 층층이 코팅되어 번들거린다. 또다시 삔낭을 꺼내 연신 씹어대며 실내외 바닥을 가리 지 않고 뱉어낸다. 그녀에게 필요한 모든 것이 들어 있는 그 가방은 마치 마법 주머니 같다.

동티모르에 다녀간 후 '또다시 이곳 오지까지 올 수 있을까'라고 나 스스로 반문했다. 그리고 다시 2년 만에 피해자들을 만나러 왔 다. 천주교회를 지나 언덕 아래 그녀가 사는 집과 수아이 도시는 변 함이 없다. 그녀는 부엌에서 바깥의 움막으로 옮겨 지내고 있다. 그때와 다르게 평일이라 가족들은 없고, 내가 온다는 소식에 큰아들만 기다리고 있다.

아들이 큰소리로 그녀의 귓가에 2년 전 다녀간 한국인이라고 말하지만, 그녀는 기억이 나지 않는다며 얼굴을 찌푸리고 손사래를 친다. 그녀의 엉겨붙은 머리카락 수는 눈에 띄게 줄었고, 침대에만 누워 지내는 터라 그때 모습은 어렴풋하게만 남아 있다. 걸음걸이는 더 불편해져 누군가의 부축을 받지 않으면 문밖을 나서기조차 어렵다. 대소변을 보러 밖의 화장실까지 가지는 못하고, 방 안 벽면과 마주하는 바닥에 구멍을 내어 그곳으로 흘려보내고 있다.

침대에는 빛이 들지 않아 문밖 의자까지 아들의 도움을 받고서야 자리를 옮겼다. 밝은 곳에서 바라본 그녀는 2년의 세월이 아닌 10년의 세월을 지낸 듯한 느낌이다. 그동안 세상을 등진 피해자가 여럿이니, 살아서 마주하는 것만 해도 감사할 따름이다. 일상적인 대화라도 이어가고 싶었지만, 이곳 통역자도 알아들을 수 없는 말만 되풀이한다. 말이 어눌해져 대화가 안 되는 것이 지난 2년 동안의 변화 중 가장 큰 것이다. 어젯밤 증언 내용을 확인하기 위해 전에 찍었던 영상을 틀어보았다. 증언이 술술 이어지는 것이 지금과는 사뭇 다르다.

만나는 동안 쉬이 피곤해지는지 침대에 누워 잠을 청하기도 하고 일어나서는 빛이 들어오는 문을 바라본다. 강하게 들어오는 빛과 그림자만 인식하는 듯하다. 흐릿한 눈동자는 백내장으로 사물이 잘 보이지 않는다. 점점 지워져가는 그녀의 기억과 기력 부족으로 마주할 수 있는 시간은 그리 많지 않다.

"어린애를 못 낳게 하는
주사라며 놓았어"

_하상숙

하상숙

1928년(2017년 사망) 한국 충청남도 출생

1944년 16세에 8개월간 중국 동원

중국 후베이성 우한에 남겨짐

1996년 잡지 『사회평론 길』의 취재를 위해 나눔의 집을 방문하면서 피해자와 첫 대면을 하기 시작했다. 기사를 쓰기 위해 아픔을 가진 그녀들에게 무슨 말을 해야 할지 막막했다. 남자로서 가해자라는 생각에 오히려 내가 부끄럽게 느껴지기까지 했다. 질문하기보다는 그녀들의 이야기를 듣는 데 많은 시간을 보냈다. 그녀들에게 동의를 받고 사진을 찍기는 하지만, 잡지에 나가면 그녀들에게 피해가 가지 않을까 하는 생각도 들었다. 하루 일정을 이틀로 늘려 취재를 겨우 마치고 돌아왔다.

'너희가 부끄러운 거지 우리가 창피한 것이 아니야.' 박두리 피해자의 말과 함께 한동안 내 머릿속에서 그녀들을 지울 수 없었다. 또다시 나눔의 집을 오가며 3년간 사진은 찍지 않았다. 자원봉사를 하면서 머리가 아닌 가슴으로 이 문제를 받아들이며 같이 할 수 있는 일을 고민했다. 그리고 다른 일을 찾기보다는 내가 잘하는 사진으로 그녀들을 기록하고 한국과 일본, 국제사회에 알리는 것이 최선이라

_하상숙

고 생각해 다시 사진기를 들었다.

2001년에는 일본군 성노예로 동원되어 중국으로 갔다가 돌아오지 못한 피해자가 있다는 이야기를 들었다. 당시 나는 잡지 만드는 일을 하고 있었지만, 세 차례 휴가를 내 무작정 중국으로 향했다. 처음 헤이룽장성 둥닝東寧에서 이수단 피해자를 만나기 전까지만 해도 전쟁이 끝나면 모두가 고향으로 돌아가야 하는 것이 아닌가, 아니 누구든 그녀들을 집으로 돌려보내는 게 마땅하지 않나 하는 생각을 했다. 중국의 오지 헤이룽장성 둥닝에서 베이징, 상하이上海, 산둥山東 그리고 내륙 깊숙한 우한武漢에서 13명의 피해자를 만날 수 있었다.

전쟁이 끝나고 일본군은 자신들만 도망가기 바빴다. 대도시 상하이의 경우 조선으로 오가는 귀항선이 있었지만, 내륙이나 옌볜에서는 오갈 방도를 찾지 못했다. 위안소 안에서는 우리말 대신 일본어만 사용해야 했고, 이름조차 일본 이름으로 개명해 사용했기 때문에 중국인들 틈에서 살아남기 위해 또다시 말을 배워야만 했다. 척박한 환경에서 홀로 살아갈 수 없어 중국인과 결혼했다. 우리가 생각하는 정상적인 결혼이 아닌, 첩이나 홀아비의 둘째 부인으로 들어갈 수밖에 없었다.

중국인은 전쟁을 겪은 동일한 입장에서 약자에 대한 배려나 상흔에 공감하고 있었다. 하지만 가정 내, 개인적 문제로 들어왔을 때는 폭력과 이웃의 멸시 등 입장이 180도로 바뀌었다. 몇몇 피해자는 가정 내 폭력 때문에 홀로 경로원에 들어가거나 경제적 빈곤으로 안정적인 생활을 하는 데 어려움을 겪었다. 그뿐만 아니라 당시의 후유

어린애를 못 낳게 하는 주사라며 놓았어

증 때문인지, 중국에서 만난 피해자 13명 중 11명은 아기를 낳지 못했다. 젊어서는 농사를 짓거나 장사를 하며 살아갈 수 있었지만, 나이가 들수록 홀로 남겨졌다.

낯선 도시에서 하상숙의 집을 찾는 일은 녹록지 않았다. 우한 사투리가 심해 내가 아는 중국말이 통하지 않았다. 그녀와는 사전에 전화 통화를 하며 우리말로 집 위치를 알아두었다. 택시를 타고 기사에게 목적지를 설명했지만, 언어의 한계가 커 전달되지 않았다. 몇 번을 내려서 그녀와 공중전화로 통화했고, 마침내 큰길에서 기웃거리는 셋째 딸을 발견했다. 그녀는 자신의 집이 남루하다며 딸의 집에서 만나자고 했다. 어두운 골목 뒤 건물 3층으로 올라갔다. 한국에서 손님이 온다고 해서 그녀와 딸은 작은 테이블에 음식을 층층이 준비해두고 있었다.

하상숙은 충청남도 서산에서 태어났다. 어머니가 엿을 만들면 아버지가 장에 내다 팔았다. 아홉 살 때 아버지가 돌아가시면서 가정 형편이 어려워졌다. 소학교를 가기 싫어 열두 살 때부터 남의 집 아기 돌보는 일을 했고, 빨간 흙으로 도자기를 만드는 공장에도 다녔다.

열여섯 살 때에는 좋은 옷과 동동구리무로 예쁘게 치장한 이웃 언니를 만났다. 일본 공장에서 돈을 벌었다며 그녀에게 이번에는 상하이로 같이 가서 일을 하자고 했다. 그러겠다고 하니, 며칠이 지나 남자 2명이 그녀의 집으로 찾아왔다. 엄마는 멀리 가면 안 된다고 말렸지만, 그녀는 돈을 벌고 싶은 생각에 그들을 따라 경성까지 기차를 타고 갔다. 그곳에는 위안소 주인 부부와 40명의 여자가 모여

있었다. 다시 기차를 타고 평양, 단둥丹東, 톈진天津을 거처 난징까지
갔다. 배를 타고 우한에 도착할 때까지 한 달의 시간이 흘렀다.

'그동안 기차 값이 얼마고 옷값이 얼마인데. 네가 진 빚이야. 3년
간 일해야 해.' 조선인 남자가 위안소 주인에게 돈을 받고, 그녀들을
팔아넘겼다. 그녀와 다른 여자들은 속수무책으로 당하기만 했다. 주
인 부부는 그녀를 '하상숙' 대신 '기미코きみこ'라 불렀다. 주인은 그녀
의 댕기 머리를 짧게 잘라버렸다. 당장 여기를 벗어나 고향으로 돌아
가고 싶었지만, 사방이 군인들이어서 도망갈 방법이 없었다.

"일본군이 아래 검사를 하면서 어린애를 못 낳게 하는 주사라며
놓았어." 하상숙은 지칭리積慶里에서 세 번째 집인 삼성루에 있었다.
골목을 드나드는 양쪽에는 여자들이 도망치지 못하도록 철문이 설치
되어 있었다. 처음에 일본군 3명을 상대했는데 아래로 피가 흘렀다.
일층에는 간단후쿠簡單服(원피스)를 입고 찍은 사진을 걸어두었다. 일
본군은 여러 사진 가운데 맘에 드는 여성의 방으로 들어갔다. 이층
그녀의 다다미방에는 이불, 옷장, 약물을 넣는 세숫대야가 전부였다.

"일주일에 한 번 군인 의사에게 검사를 받는데, 전날 우리끼리 오
리 주둥이같이 생긴 도구를 밑에 넣고 봤어." 병이 생기면 일본군을
받을 수 없기 때문에 주인은 몹시 싫어했다. 콘돔을 사용하지만 가
끔 찢어지기도 했고, 술이 취해 사용을 거부하는 군인도 있었다. 을
의 입장에서 그런 군인을 강하게 거부할 수는 없었다. 여자들끼리
서로 아래를 보며 솜에 약을 묻혀 바르곤 했다. 병이 심하지 않으면
군의관의 눈을 피해갈 수 있었다.

_하상숙

"이 몸으로 조선에 가서 뭘 할까 하는 생각이 들었어." 전쟁이 끝나고 조선인 군인들과 모여 같이 고향으로 돌아가자고 했지만, 돌아가기가 두려웠다. 집으로 가도 어머니 얼굴을 볼 면목이 없었다. 그녀와 남아 있던 여자들은 다른 조선인들 집을 전전하며 지냈다.

1971년에는 북한과 중국 정부의 관계가 있었는지, 이곳의 피해자들이 북한 여권을 발급받아 소지하고 있었다. 북한 공관은 피해자들을 한곳에 모아놓고 우리말을 가르쳤다. 공관은 그녀들을 보살피며 지냈으나 1980년 중반부터는 북한이 경제적으로 어려워져 더는 돌볼 수 없었다. 이후 중국 공안에서 수시로 그녀들의 안부를 확인하는 정도였다. 시간이 지나 그녀들은 흩어져 살았지만, 하상숙은 그들과 서로 연락하고 지냈다. 우한에 갔을 때도 그녀는 나를 다른 피해자에게 데려다주어 3명의 피해자를 더 만날 수 있었다.

그녀는 해방되고 열아홉 살에 일본인 의사를 만나 살았으나, 그가 1953년에 일본으로 돌아가면서 그녀 홀로 우한에 남겨졌다. 다시 중국인 남편을 만나 살았다. 자기 아기를 낳을 수 없었던 터라, 남편이 데려온 세 딸을 키웠다. 월경이 다시 올 때면 죽을 듯이 아팠고 1970년에는 자궁을 들어내는 수술을 했다.

한중 수교가 맺어진 이듬해인 1994년 한국정신대연구소는 우한에 남겨진 피해자 조사를 위해 방문했고, 30여 명의 존재를 확인했다. 그러나 이미 철도에서 자살한 여성, 약을 먹거나 암으로 죽은 여성이 20여 명에 달했다. 생존자 10여 명만이 겨우 남아 있었다. 2003년에 내가 또다시 방문했을 때는 하상숙, 백넙데기, 김의경, 박

_하상숙

차순만이 살아 있었다.

하상숙은 호적 조사를 통해 한국 예산에 있는 이복 남동생을 찾았다. 2003년 그녀는 한 독지가의 도움으로 우한 인근 서커우_{蟹口}에 살던 백넙데기와 모국으로 귀향했고 서울 상도동에 월세를 얻어 살았다. 처음에는 예산 동생의 집을 방문하며 가까이 지냈으나 시간이 지날수록 소원해졌다. 찾아오는 이도 드물어 둘이 방 안에서만 지냈다. 우리말을 할 수는 있었지만 소통이 원활하지 않아 시장에서 장 보는 것도 꺼렸다. 독지가의 보살핌 부족과 가족들의 외면으로 3년 만에 딸들이 있는 중국 우한으로 되돌아가야만 했다.

3
부

품다

"남자들과 만나는 것이 두려워요"

_바리

바리Barri
1927년 인도네시아 술라웨시 출생
1942년 15세에 3개월간 동원

아시아에서 140여 명의 피해자를 만나 이야기를 들어오고 있다. 처음에는 일본군에게 당한 그녀들의 아픔을 받아들이기 어려웠다. 이 일에 빠져들수록 그녀들의 아픔에 공감하면서도 상처의 깊이는 감히 가늠할 수 없다. 그녀들은 상처를 가지고 있음에도 누구로부터 관심을 받아본 적이 없었다. 피해 사실이 알려졌어도 가해국 일본과 현지 피해국은 문제 해결의 의지를 보이지 않았다. 결국 그녀들은 아픔을 품으며 풀어내기 위해 스스로 방법을 찾아야만 했다. 한국, 중국 등 동양 문화권 피해자들은 고통을 가슴속에 묻어둔 채 스스로 삭이는 설움을 감내해야만 했다. 인도네시아, 동티모르, 필리핀 등 태평양 연안 아래쪽 나라로 갈수록 기독교, 이슬람, 천주교 등 종교의 힘을 빌려 아픔을 치유하려 했다.

한국 양산의 최○○ 피해자 방 안에는 염주와 작은 연등이 매달려 있다. 젊을 때는 시간 날 때마다 가까운 절에 찾아가 기도하며 힘든 마음을 삭였다. 내가 방문했을 때에도 이야기를 나누는 동안 두 손 사이에 백팔염주를 끼고 "관세음보살"을 외고 있었다. 열이 나 얼굴에 홍조를 띠며 누워 있는 동안에도 두 손을 꼭 낀 채 잠들었다. 그 무엇으로도 풀지 못하다보니 화병까지 생겼다. 기도라도 해야 가슴앓이가 조금이나마 풀린다고 했다.

　인도네시아 술라웨시에서 사니아가Saniaga 피해자를 만나 이야기를 나누고 있었다. 그 옆에는 안내하던 다르마위 씨 부인이 함께 자리했다. 오후 1시가 다가오자 그의 부인이 기도복으로 갈아입더니 피해자와 함께 서북쪽을 향해 기도를 올리기 시작했다. 이야기를 이어가던 나는 잠시 멈출 수밖에 없었다. 이곳 피해자의 대부분이 믿는 종교는 이슬람이다. 그녀들은 매일 다섯 번의 기도를 하며 지난 과거를 잊고 아픔을 달래려 하고 있다.

　그러나 한편으로는 명예살인으로 생명의 위협과 차별을 받고 있다. 티자Tija 피해자는 죽임을 당할까봐, 아버지가 돌아가실 때까지 일본군에게 당한 사실을 말할 수 없었다고 한다. 그리고 라니Rani 피해자는 아들이 이슬람 목사다. 그의 아들은 나를 만나지 말라며 그녀에게 신신당부했다. 그래서 나와 있을 때 그녀는 많이 불편해했고, 이야기하기를 꺼렸다.

　쾌청한 적도의 날씨에 머리 위로 강한 햇살이 내리쬔다. 숲으로 들어갈수록 높게 솟은 나무들 사이로 간간이 불어오는 바람이 더운 느낌을 씻어준다. 시골길을 한동안 내달리니 집들이 옹기종기 모여 있는 마을에 다다른다. 그중 다른 집에 비해 나무로 야무지게 만들어진 것이 바리의 집이다. 나를 마중하는 이들은 그녀의 아들과 손자들이다. 인사를 나누는 인기척에도 그녀는 방 안을 지키고 있다. 살짝 열린 방문 커튼 사이로 침대에 앉아 있는 그녀가 눈에 들어온다. 양손에 길게 늘어 쥔 미스바하(이슬람 묵주)를 돌리며 이슬람 경전을 암송하는 모습이 보인다.

'Pagi nenek(안녕 할머니).' 인도네시아어로 짧은 인사를 하며 방안으로 들어서는 내 모습이 탐탁지 않은지 그녀는 고개를 창가로 돌린다. 통역을 통해 일본이 할머니에게 잘못한 일을 직접 듣기 위해 왔고, 많은 일본 사람이 전쟁 시기에 어떤 나쁜 일을 범했는지 잘 모르고 있어 그들에게 이를 알리기 위해 왔다고 전하니, 비로소 'selamat pagi(안녕하세요)'라는 인사말로 답한다.

긴장감을 풀기 위해 나이를 물어보니, 이제는 거의 백 살이라 한다. 태어난 이후 시간의 흐름을 잊고 사는 것도 있지만, 옛날에는 날짜 개념이 부족했으리라 짐작될 만큼 그곳은 오지였다. 그녀는 캄풍 판야루에서 태어났다. 농사짓는 엄마, 아빠 그리고 언니, 남동생과 함께 살았다. 언니는 부모를 도와 농사지으며 생계를 꾸리고 있었다. 어느 날 일본군 10명이 집으로 찾아와서는 어린 그녀만 끌고 갔다. 그중에는 긴 칼을 차고 있는 장교도 있었다.

"다른 방에도 여자들이 있었어. 한 10명 정도 돼." 당시 인근 마을에서 잡혀온 여자들은 각기 다른 방에 갇혀 있었다. 그녀는 군부대를 만드는 현장에서 모래 옮기는 일을 했다. 많은 수의 군인이 있다는 것만 기억할 뿐 대략의 숫자조차 잊었다. 낮에는 중노동에 시달렸고 밤에는 부대 내 그들이 제공하는 집에서 지냈다. 매일 2~3명의

남자들과 만나는 것이 두려워요

군인이 찾아와 그녀를 학대했다. 그녀는 일본군이 그곳을 떠나기 전 2개월 동안 고통 속에서 지냈지만, 그것이 몇 년도에 일어난 일인지는 기억을 못 하고 있다.

"생식기가 아팠어. 처음에는 무슨 병인지 몰랐어. 병이 생겨 버려졌을 수도 있어." 당시 전쟁터의 변방 오지로 갈수록 위안소가 거의 없어 일본군은 임의로 여자들을 군부대로 끌고 가 성노예로 삼았다. 성병 방지를 위한 콘돔이 부족했고, 검사가 필요하지만 그곳에는 의약품이나 군의관이 없어 진료와 치료는 엄두도 내지 못했다. 여자들은 항상 성병과 임신 가능성에 노출되었는데, 그녀 역시 그때 성병으로 인해 군부대에서 벗어난 것으로 추정된다. 집에 돌아와서야 가족들이 향유로 치료를 해주었다.

"나는 남자들과 만나는 게 두려워요." 아직도 그녀는 낯선 남자나 건장한 남자를 볼 때면 자신도 모르게 피한다. 남자를 마주하면 가슴이 뛰고, 무슨 일을 당하지나 않을까 두렵다. 그녀는 그런 일이 있고 난 뒤 20년 후인 서른다섯 살에 결혼했고 2명의 자녀를 두었다. 그 전에도 결혼하자는 남자가 많았지만 자신의 과거를 비관하고 피하면서 차마 받아들일 수 없었다고 한다. 이야기의 꼬리를 조금씩 이어가지만, 그녀의 기억이 토막 나 있고 떠올리기 힘들어해 깊이 있는 진행이 어려웠다. 더 깊게 들어가려면 피해자에게 더 큰 고통을 감내하라고 요구해야 한다. 증언을 더 듣기 위해 또 다른 고통을 불러일으킬 수는 없다. 스스로 마음의 문을 열고 말할 때까지 기다리는 것이 최선의 방법이다. 모든 이야기를 다 들을 수는 없더라도 중

_바리

단하는 것이 그녀의 고통을 더는 방법이다.

"일본 정부가 약과 돈으로 나를 도와주길 기대합니다." 현실에서 급선무는 그녀의 건강이다. 그녀는 아직도 손과 팔에 통증을 느낀다. 변방 오지에서 그녀가 아플 때마다 병원까지 가기는 너무 멀다. 아프더라도 주술이나 향유 등을 이용한 전통 민간요법에만 의존하고 있다. 몸이 아픈 것 외에도 정신적 외상에 대한 치료가 요구된다.

이야기를 시작하고 내가 집에서 나올 때까지 그녀는 손에서 묵주를 놓지 않는다. 남자의 시선이 두려워 대부분의 시간을 집 안에서 보낸다. 그녀가 침실을 벗어나 가본 곳이라고는 거실과 테라스가 전부다. 이미 70~80년의 세월이 흘렀지만, 밖으로 나가는 것조차 두렵다. 일본군에게 당한 충격에서 벗어나지 못한 가슴에는 지워지지 않는 상처들로 인한 트라우마만 남아 있다. 묵주가 번들거릴 만큼 오랜 세월이 흘렀다. 묵주를 돌리며 이슬람 경전을 외는 동안만이라도 평안을 찾을 수 있기를 바란다.

"항상 강간을 당하는 꿈이야"

_루시아

루시아 루리스Lucia Luriz
1930년 필리핀 팜팡가 출생
1942년 12세에 2개월간 동원

2013년 필리핀 케손시티에 있는 릴라 필리피나Lila Pilipina 단체가 운영하는 롤라하우스에서 피해자들을 만났다. 그곳의 대표인 레첼다 씨에게 다른 지역이나 단체에서 돌보고 있는 피해자가 있는지 물었다. 그녀는 다들 연락이 끊긴 지 오래라고 했다. 일본에서 아시아의 피해자를 사전 조사한 바로는 필리핀에 일본군 '위안부' 관련 단체가 세 군데 있었다. 1995년 이전까지만 해도 관계가 좋아 서로 협력하고 교류하며 지냈다.

1993년 일본 정부가 고노 담화를 통해 일본군 성노예 피해자의 동원 강제성과 위안소 설치, 운영에 일본군이 직간접적으로 관여했다고 인정했다. 일본 정부는 이 문제의 심각성을 인식하고 해결 방안으로 1995년 '여성을 위한 아시아 평화국민기금(아시아여성기금)'을 만들었다. 일본 국민으로부터 기금을 모금하고, 한국과 타이완, 필리핀 피해자 개개인에게 200만 엔의 지원금을 전달하려 했다. 이때 필리핀의 시민단체들은 일본 정부의 공식 배상이 아니기 때문에 책임

회피성 기금을 받아서는 안 된다는 의견과 피해자의 의견을 존중해서 받아도 된다는 의견으로 나뉘었다. 단체 간의 갈등이 깊어지면서 관계는 결국 끊어졌다.

그렇다고 해서 서로 연락이 안 될 거라고는 생각하지 않았는데, 첫 방문 때에는 마닐라 롤라하우스 외에 다른 지역의 피해자는 만날 수 없었다. 두 번째 방문 때, 마닐라에서 여성 관련 단체 여러 곳을 찾아다니며 수소문한 끝에 롤라스 컴패니아 단체를 찾을 수 있었다. 당장 찾아가 피해자들을 만나고 싶었지만, 시간과 경비가 부족해 다음을 기약할 수밖에 없었다.

세 번째 방문에서야 롤라스 컴패니아 크리스티나 씨를 통해 마닐라를 벗어난 북쪽에 있는 팜팡가 지역을 찾아간다. 일본에서 필리핀 피해자를 지원하는 '필리핀 원 '종군위안부' 지원회ﾌｨﾘﾋﾟﾝ人元「従軍慰安婦」を支援' 단체로부터 이 지역에 10명의 피해자가 있다는 정보를 2년 전에 받았다. 지금은 10명 중 6명이 세상을 등지고, 4명의 피해자만 남아 있다. 팜팡가의 피해자들을 잘 알고 있는 그녀는 다른 일정이 있어 함께 가기가 어렵다고 한다. 그녀는 A4 용지에 약도와 현지 지원자의 연락처, 주소 등을 빼곡히 적어준다. 눈과 귀를 집중시켜 들여다보면서도 낯선 방문지에 대한 두려움을 느끼는 나를 눈치챘는지, 그녀는 같이 활동하고 있는 신디와 동행하라며 소개해준다.

마닐라 북부 시외버스 터미널에서 두 시간 가까이 고속도로와 국도를 달려 시골길 한가운데에 내려준다. 이곳의 지원자 욜리가 우리를 마중하기 위해 길가에 나와 있다. 그녀의 어머니 막달레나Magdalena도 피해자였기 때문에 이 문제에 대해 누구보다 더 잘 알고 있다. 어머니가 돌아가신 이후에도 나머지 생존자들의 안부를 챙기고 있다. 작은 오토바이를 개조한 트라이시클에 4명이 끼워 타고 루시아의 집으로 향한다.

시골 마을의 골목길이라 하기에는 널찍한 길에 양옥 형태의 집들이 양쪽으로 즐비하다. 벽돌로 새로 짓고 있는 집에 들어가니 뒷마당에 나무로 만든 집이 나타난다. 문 앞에는 오랫동안 사용해온 재봉틀 한 대가 비바람에 노출되어 있다. 그리고 주방 겸 거실 한가운데에는 천장에서 길게 늘어뜨린 작은 해먹 침대에 아기가 잠들어 있다. 짐작건대 그녀의 증손자쯤으로 여겨진다. 아이가 깰 수도 있어 문밖에 의자를 꺼내어 둘러앉는다. 그녀의 바싹 마른 몸은 무슨 힘을 쓸 수 있을까 싶을 만큼 걱정을 자아낸다.

그녀는 지금 사는 마타모 인근에서 태어났다. 아홉 남매였기 때문에 부모가 일하는 것만으로는 온 가족이 살기가 어려웠다. 그녀는 집안일을 돕기 위해 달팽이와 물고기를 잡아 시장에 내다 파는 일을 어려서부터 했다. 어려운 형편에 학교도 갈 수 없었다. 집에서 빨래를 널고 있었는데, 집 마당으로 3명의 일본군이 들이닥치더니 그녀의 양팔을 잡아 무턱대고 끌고 갔다. 그녀는 어디로 데려가는지 타갈로그어로 물었다. 그들은 그녀의 말을 못 알아들었고, 그녀도 일본인인 그들의 말을 알아들을 수 없어 두려움은 더 심해졌다. 일본군이 지르는 큰 소리와 총칼에 꼼짝도 할 수 없었다.

이 마을에서 제일 큰 공공 시설인 아라얏 중앙학교로 그녀를 데

_루시아

려갔다. 일본군은 도시를 점령하면서 큰 건물이나 공공기관을 강제로 빼앗아 수비대나 위안소 같은 군사 시설로 사용했다. 이 학교도 인근 도시를 통제하고 게릴라를 토벌하기 위한 수비대로 사용하고 있었다. 이곳은 항일 게릴라가 출몰하는 지역이라 위안소를 설치할 만큼 안정적이지 않기 때문에 수비대의 빈방에 여자들을 가두어두고 성폭행을 했던 것이다. 끌려온 그녀는 홀로 교실 방에 갇혔고 앞으로 무슨 일이 일어날지 몰라 울기 시작했다. 한 시간 후 일본군은 그녀의 언니 마리아Maria를 잡아와 그녀와 같은 방에 가두었다.

"난 짓밟힌 꽃처럼 느껴졌어. 두 번째 군인이 덮쳤을 때는 의식을 잃고 말았지." 밤이 되자 2명의 일본군이 그녀를 다른 방으로 끌고 갔다. 일본군에게 잡히지 않기 위해 그녀는 이리저리 피해 방을 맴돌았지만 결국 잡히고 말았다. 저항하면 할수록 군인이 얼굴과 다리를 때려 결국 포기했다. 폭력에 쓰러져 있는 그녀에게 일본군은 몹쓸 짓을 하기 시작했다. 그녀의 온몸에는 피가 흘러내렸고, 입고 있는 옷은 붉게 물들었다.

아픔이 잦아들기도 전에 여동생 발레리아나Valeriana가 같은 방으로 잡혀왔다. 얼굴은 붓고 옷도 찢긴 것이 같은 고난을 겪은 것으로 짐작됐다. 그녀는 자신의 아픔을 어찌 해야 할지 모르면서도 울지 말라고 동생을 다독였다. 위로보다는 울음소리를 듣고 일본군이 다시 와서 강간하지 않을까 하는 두려움이 앞섰기 때문이다. 이튿날까지도 온몸이 부서지는 아픔이 몰려와 정상적으로 움직이는 것이 불가능했다. 일본군은 그녀에게 수비대 청소를 하라고 시켰지만, 그녀는 도저히 아픈 몸을 이끌고 일을 할 수 없었다.

"내 몸은 (성기가) 아직 부어 있었지만, 군인은 상관 안 했어." 그 날 밤 일본군은 교실로 또다시 찾아왔다. 그녀는 학대를 당한 뒤 다른 여자들이 있는 방으로 돌아갈 수 있었다. 일본군 앞잡이의 아내인 벨라 크루스는 피 묻은 옷을 갈아입게 해주며, 여기서 멀리 도망가라고 알려주었다.

잡혀 있은 지 두 달이 되어갈 무렵 일본군이 게릴라를 습격하러 나갔을 때였다. 루시아는 세탁비누를 사야 한다며 언니와 함께 학교를 걸어 나왔다. 최대한 자연스럽게 나가는 것처럼 걸으려 했으나 일본군이 따라오지 않을까 하는 두려움에 발걸음이 제대로 떨어지지 않았다. 집에 도착했을 때는 가족 모두가 눈물로 맞아주었다. 행여 그녀들이 탈출한 것을 알아차리고 일본군이 잡으러 올까봐 걱정이 앞섰다. 부모는 그녀들을 다른 지역에 있는 삼촌 집에 2주간 피신시켰다. 그녀와 이야기를 나누면서 동생은 어떻게 되었는지 듣지 못해 탈출 여부는 알 수 없었다.

"내 형제들이 강 위에 떠다니는 것을 봤어." 다른 형제들은 일본군에 대항하기 위해 '후크보Hukbo(HUKBALAHAP-Hukbo ng Baya n Laban sa Hapon)'라는 항일 게릴라 조직에 참여했다. 그들은 여우 굴을 파서 그녀와 젊은 여자들을 땅 아래에 숨기곤 했다. 숨어 있는 동안에도 그녀의 어머니는 루시아 얼굴에 숯검정을 묻혀 일본군 눈에 띄지 않도록 해주었다. 게릴라 활동을 하던 형제들은 전투를 하면서 일본군에게 죽임을 당하고 그대로 강에 버려졌다. 가족들과 시체를 겨우 건

져내 땅에 묻고 우는 게 그들이 할 수 있는 전부였다.

"텔레비전에 일본어가 나올 때마다 울어."

"폭발음이 들릴 때면 불안하고 초조해져."

"악몽을 꿀 때는 항상 강간당하는 꿈이야."

그녀는 70여 년이 지난 지금도 정신적으로 심한 후유증을 앓고 있다. 너무나 끔찍했던 강간과 학대로 받은 정신적·신체적 고통은 금전적 가치로 따질 수 없다고 생각한다. 아직도 전쟁 중에 일어난 일을 떠올릴 때마다 마음의 안정을 찾지 못한다. 병원에 가서 상담을 받아 치유하고 싶지만, 경제적인 사정이 허락하지 않는다. 매일 집 안에 있는 성모 마리아상 앞에서 기도를 올리는 것이 안정을 찾는 유일한 방법이다.

"중국 정부가 더 문제예요"

_런란어

런란어任蘭娥

1931년(2016년 사망) 중국 산시성 출생

1944년 13세에 15일+1개월간 두 번 동원

일본군 성노예 문제에 대해 국가와 국민적 관심을 기울이는 곳은 한국이 유일하다고 해도 과언이 아니다. 전후에 한국은 군사 정권 아래 일본군 성노예에 대해 그 누구도 언급하지 못했다. 일제강점기 당시에 어떤 여성 몇 명이, 어디로 동원되어 가 어떤 피해를 받았는지 국가적 차원의 조사 없이 외면되어왔다. 내가 고등학교 다닐 때인 1980년대 중반만 하더라도 역사 교과서에는 '정신대'라는 이름만 있었다. 그 이름조차 지금의 일본군 성노예 피해자를 지칭하는 말이 아니었다. '여자 정신근로대'와 '위안부'를 구분하지 않은 채 배우고 사용했다.

1990년대에 들어서면서 시민운동이 활성화되고, 끊임없이 노력한 덕분에 일본군 성노예로의 동원 사실이 구체적으로 드러났다. 1991년 피해자 당사자인 김학순을 시작으로 다른 나라 피해자들도 증언을 하기 시작했다. 이듬해에는 중국 완아이화萬愛花, 필리핀 마리아 로사Maria Rosa, 인도네시아 투미나Tuminah 피해자들이 나서면서

중국 정부가 더 문제예요

국제 문제로 떠올랐다.

몇 년 전 상하이에 만들어진 최초의 위안소 형태인 '다이이치 살롱'에 방문을 했을 때, 난징 TV에서 촬영을 온 팀과 만난 적이 있었다. 수개월에 걸쳐 아시아 여러 나라의 피해자와 위안소를 취재해 5부작 프로그램을 만들고 있었다. 그리고 나는 산시성 피해자들을 찾아다니던 중 다큐멘터리 영화 「22」를 만들고 있는 제작진을 만났다. 양취현陽曲縣 류가이렌劉改連 피해자 집에서 영화 촬영을 할 때 30명이 넘는 스텝들로 이틀 동안 작은 마을이 들썩여 모든 사람의 주목을 받을 수밖에 없었다. 그들이 떠나간 후 현 사무소 직원들이 그녀를 찾아와 마을을 소란스럽게 했다며 그녀와 딸, 사위에게 오히려 역성을 냈다. 그녀는 나를 포함해 사람들이 찾아오는 것에 겁내하고 있었다. 그녀는 나에게 현 사무소에 찾아가 자신들의 잘못이 아니라는 입장을 전해 달라며 신신당부를 했다.

이렇게 중국 곳곳에서 미디어 활동을 하는 이들을 만날 기회가 많았다. 때때로 접하는 중국에서의 일본군 성노예 관련 기사를 보면 국민과 사회의 관심이 대단한 것 같다. 그러나 피해자를 배려하지 않는 일부 사람 때문에 그녀들이 곤란에 처하기도 하고 피해자에 관한 직접적인 지원이나 조사가 안 되어 있는 상태에서 중국 정부는 반일 감정을 앞세워 정치적으로 이용하고 있을 따름이다.

중국 정부는 모든 노인에게 100위안(1만6000원 정도)을 매달 지급할 뿐, 피해자에 대한 직접적인 의료나 별도의 경제적 지원은 전혀 하지 않는다. 중국 정부는 일본 정부와 문제 해결을 위한 어떠한 협상도 진행하지 않고 있다. 이 일을 30년 동안 해온 상하이 사범대학 쑤즈량蘇智良 교수에게 그 이유를 물었다. 자신도 정부에 조사와 활동 지원에 대해 여러 번 건의했지만 받아들여지지 않았고, 아무런 답변을 듣지 못해 그 이유를 도저히 알 수 없다고 한다.

런란어의 집으로 가는 10킬로미터의 왕복 2차로 한쪽에는 석탄을 실은 트럭이 끝없이 정차해 있다. 내가 탄 차는 중앙선을 넘어 달리다 반대편에 차가 오면 한쪽 차량이 트럭 사이로 피해야만 교차가 가능했다. 일본군은 산시성의 석탄 자원을 캐내 일본으로 보내고자 치열한 전투를 벌이며 안정적으로 점령하려 했다. 이곳은 팔로군(중일전쟁 때 화베이華北에서 활약한 중국 공산당의 주력군)과 게릴라의 활동이 활발했던 곳이라 뺏고 빼앗기는 전투가 일상적으로 반복되곤 했다.

전투 과정에서 일본군에게 점령당한 마을의 젊은 여성들은 결혼 여부에 상관없이 강제로 성노예가 되었다. 팔로군과 게릴라에게 밀려 일본군이 퇴각하면서 피해 여성들은 풀려날 수 있었다. 이런 일이 반복되면서 한 여성이 두세 번에 걸쳐 피해를 입은 사례가 있었다. 일본군은 이곳을 점령하면서 총칼로 위협해 마을 사정을 잘 아는 촌장을 내세워 여성들을 모았다. 그리고 일본어가 가능한 중국 매국노를 앞세워 여성들을 끌고 갔다.

런란어가 사는 산시성山西省 우샹현武鄕縣은 마을마다 2~3명의 피해자가 있을 만큼 일본군의 침략과 횡포가 심했던 곳이다. 그녀는 검은 물이 흐르는 작은 개울 끝, 막다른 구청촌古城村에 살고 있다. 대

_런란어

문을 들어서며 마주하자 퀭한 눈의 그녀가 손을 떨고 있다. 나를 맞이하는 그녀의 행동이나 어투가 심상치 않은 것으로 미루어 정신질환이 의심된다. 햇살이 잘 드는 방에서 마주 보며 이야기를 이어나간다. 그녀는 5분 동안 쉴 틈 없이 자신의 이야기를 내뱉는다.

"아버지의 머리에 불을 질렀어요. 난 울면서 무릎을 꿇고 일본군에게 그만하라고 애원했어요." 아버지의 얼굴과 몸이 타서 검게 그을리고 화상 자국이 남았다. 그녀의 사촌 오빠는 팔로군이었다. 일본군이 그녀의 집을 찾아와 그를 내놓으라고 가족들에게 윽박질렀다. 그러고는 아버지와 가족들을 마당에 모아놓고 개머리판으로 때리며 학대를 시작했다. 일본군은 불을 지르는 것을 말리던 그녀를 방으로 끌고 가 온돌에서 강간했다. 그리고 일본군은 그녀를 부대가 있던 난커우南溝까지 끌고 갔다.

"혼자 남았는데 매일 10명이 넘는 군인이 왔어요." 그곳에는 다른 곳에서 잡혀온 2명의 언니가 있었다. 한 언니가 강간을 거부하다 일본군의 칼에 찔려 죽었고, 그 충격으로 다른 언니는 정신병을 얻었다. 정신병에 걸려 쓸모없어졌다고 여긴 일본군은 언니를 고향인 둥샹東鄕으로 돌려보냈다. 두 언니가 없어지자 가장 어렸던 그녀 혼자 일본군에게 밤마다 괴롭힘을 당하는 고통을 감내해야 했다.

"가족들이 매국노에게 돈과 먹을 것을 주고서야 풀려났어요." 잡혀 있는 보름 동안 먹을 것도 제대로 먹지 못한 채 갇혀 있었다. 피해자들이 위안소에서 벗어날 수 있는 방법은 일본군이 퇴각하면서 버리고 가거나, 아니면 일본군이나 매국노에게 피해자를 풀어주는

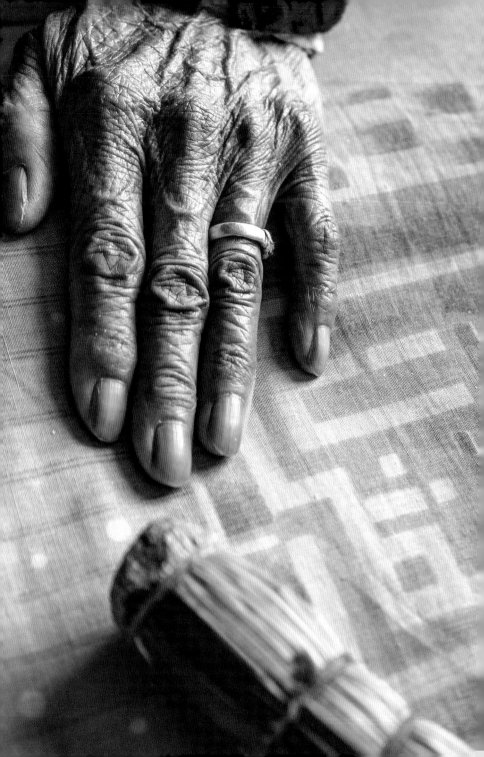

중국 정부가 더 문제예요

대가로 돈이나 가축, 식량을 바치는 것이었다. 일본군은 마을을 수시로 오가며 민가에서 먹을 것을 도둑질하고 이유 없이 길에 다니는 사람들을 때렸다. 그녀는 또다시 끌려갈지 모른다고 생각해서 일본군이 올 때면 언니들과 다락방에 숨었다.

"두 번째로 잡혀간 곳에는 여자 10명이 있었어요." 다시 일본군이 마을로 들어오면서 또다시 잡혀갈 수밖에 없었다. 여자들은 서로 다른 방에 갇혀 있었기 때문에 누가 누구인지 몰랐지만, 벽 사이로 서로 얘기를 주고받으면서 아는 여자가 있다는 것을 알게 되었다. 한 달 정도 일본군에게 성노예를 당했는데, 팔로군이 이곳을 공격하면서 풀려날 수 있었다. 그때 사촌 오빠가 문 앞에 찾아와서 너무나 기뻤다. 오빠는 팔로군 활동을 계속했지만 해방이 되기 전 전쟁에서 희생되었다. 어머니는 또다시 잡혀가지 않을까 하는 걱정에 그녀와 언니들을 뒷산에 숨겨두고, 먹을 것을 가져다주며 마을로 내려오지 못하게 했다.

"내가 겪은 것은 결코 좋은 일이 아니에요. 창피해서 말하고 싶지 않아요. 주변 이웃들이 험담할 거예요." 중국인들 중 그녀의 피해를 알고 옷과 선물을 갖다주는 사람들이 있었다. 이웃들이 누구에게 왜 받았냐며 자꾸 묻자, 그녀는 선물을 주고 간 이유에 대해 먼 친척이라고 거짓으로 둘러댈 수밖에 없었다. 수군대는 주변의 차가운 시선을 극복하는 것은 또 다른 고통이었다.

"난 이 일이 일본만의 문제가 아니라고 생각해요. 중국 정부가 더 문제예요." 그녀는 이 문제 해결에 나서지 않는 정부를 더 비난한다.

위로금으로 30만 위안을 주어도 충분하지 않다고 생각한다. 정작 정부가 나서서 그녀를 보호해야 할 입장이지만, 중앙과 성 정부를 비롯해 하위 조직까지 그녀를 외면하고 있다. 그녀는 정부가 피해자들을 배려하고 일본과 얽힌 역사 문제를 해결해야 한다고 생각한다. 정부가 적극적으로 나서주었으면 하는 것이 그녀의 바람이다.

"기억은 잊었지만 트라우마는 남아"

_카르민다

카르민다 도우Carminda Dou
1926년(추정, 2016년 사망) 동티모르 틸로마르 출생
1942년 16세(추정)에 3년간 동원

2016년 5월 27일 히로시마 평화공원에 미국 대통령 버락 오바마가 방문했다. 원폭 희생자 위령비 앞에 헌화하고 10초간 묵념하는 그의 모습이 일본 방송과 신문에 대대적으로 보도되었다. 그는 연설에서 전쟁의 참상과 희생자를 애도하는 가운데 핵무기 없는 세상을 만들자며 평화의 메시지를 남겼다. 일본은 이를 어떻게 받아들였을까? 일본은 속으로 원폭 투하에 대한 사과를 원했지만, 오바마의 사과 없는 메시지는 일본에 실망만 안겨주었다.

일본은 전쟁이 끝난 후, 후세대에 전쟁의 역사를 제대로 가르치지 않았다. 내 또래의 일본 사람을 만나 태평양 전쟁에 관해 이야기를 나누다보면 학교에서 배워본 적이 없다고 한다. 미디어로만 접하는 일본군 성노예로 동원된 피해자에 대해서도 대부분 '불쌍하다' '전쟁 중에는 어쩔 수 없는 일이었다'며 치부하는 게 전부다. 나는 매년 나고야 시립대학교 '전쟁과 평화론' 수업에서 일본군 성노예 강의를 한 학기에 한 번 하고 있다. 100여 명의 학생에게 전쟁에 관한 인식 조사를 해보니 3명이 일본군 성노예는 없었다고 고등학교 역사 선생에게 배웠노라고 한다. 학교에서 일본군 성노예의 역사를 가르치지 않을 뿐 아니라, 일부 교사는 피해자에 대해 자발적 매매춘 등으로 왜곡까지 하고 있다. 일본 사회의 우경화로 인해 학교는 전쟁의 역사에 대해 가해국에서 원폭의 피해국으로 가르치며 방향 전환을 시도하고 있다.

2015년 12월 28일 한국과 일본 간의 '일본군 위안부 한일 합의'가 발표되었다. 2년여 간 양국의 12차 국장급 회의를 거치면서 갑작스럽게 발표되었다. '일본군의 관여' '10억여 엔의 기금' '불가역적 조항' 등 그동안 일본군 성노예 피해자가 절실히 바랐던 '진상 규명' '법적 책임' '사죄와 배상'은 빠진 채 전쟁 범죄 국가로서의 일본 정부의 책임은 없었다. 여기에 유엔 등 국제사회에서 문제 제기 불가, 유네스코 세계 문화유산 등재 신청 불가 등의 합의 내용이 포함되어 있었다. 교과서에 역사를 기술하고 재발 방지를 위한 교육이나 진실을 알려나가는 내용은 빠져 있었다.

1995년 일본 정부는 아시아여성기금으로 피해자들을 농락하고 존엄성을 훼손시켰다. 한일 합의 10억 엔의 기금 또한 배상이 아닌 기부금 성격이다. 피해자의 지원과 추모를 위한 재단 설립은 한국에 떠넘김으로써 더는 이 문제에 대한 책임을 지지 않겠다는 의도를 담고 있다. 피해자가 바라는 것은 일본 정부의 직접적인 사죄와 책임 속에서 배상을 하는 것이다. 한국 정부는 굴욕적인 졸속 합의로 피해자와 국민에게 실망을 안겨주었다. 일본 정부는 70년 만에 타결된

_카르민다

해결이라며 신문 방송 미디어를 통해 한 달이 넘도록 대대적인 홍보를 했다. 이 문제에 관심 없는 일본 국민은 합의로 인해 문제가 해결되었다고 잘못 인식하고 있다. 역사의 왜곡이 또다시 이루어지는 순간이다.

일본군 성노예 문제 해결은 한일 사이의 문제만이 아닌 아시아 여러 나라에 걸친 전쟁과 인권의 문제다. 다른 나라 피해자들도 한국의 피해자들처럼 정의와 명예 회복 등 같은 요구를 하고 있다. 그러나 아시아의 다른 피해자의 존재는 일본을 비롯한 국제사회에 잘 알려지지 않은 것이 현실이다. 피해자가 남아 있는 중국, 타이완, 북한, 동티모르, 필리핀, 인도네시아 등이 일본과 협상을 진행한다면 잘못된 한일 합의의 여파를 받을 것이다. 아니, 일본은 다른 나라와는 합의 자체를 시도하지 않을 것이다. 그리고 일본 정부가 왜곡된 역사를 퍼뜨리는 동안 피해자들은 끊임없는 고통 속에 방치되어 있다.

동티모르 딜리에서 차를 타고 2000미터가 넘는 산 두 개를 넘으며 200킬로미터 거리를 10시간 동안 달렸다. 틸로마르 마을 한가운데에는 천주교회가 자리 잡고 있다. 예배를 마치고 나오는 성가대원들이 나를 신기한 듯 바라본다. 따로 길이 나 있지 않아 풀숲을 헤치고 입구를 찾았지만, 구분이 되지 않아 말뚝 사이를 비집고 카르민다의 집으로 들어간다. 왜소한 몸에 고개를 숙인 채 이따금 주변을 두리번거리며 애처롭게 그녀가 쪼그리고 앉아 있다. 그 옆에는 큰 눈을 가진 동생 마르티나Martina가 내 눈치를 살피면서 거리를 둔 채 심하게 경계하고 있다.

_카르민다

'Diak ka lae? Abo(안녕하세요? 할머니).' 인사를 하고 어디 아픈 곳은 없는지, 식사는 잘하고 있는지 일상적인 대화로 동생의 마음을 풀어간다. 그런 후에야 가족들에게 당시 이야기를 직접 듣고 싶어서 한국에서 왔다고 말을 건넨다. 그동안 카르민다는 그저 웃으며 나를 바라볼 뿐이다. 통역을 통해 안부를 물어보지만, 여전히 반응이 없다.

이곳을 방문한 것은 동생이 피해자였기 때문이다. 그런데 동생과 이야기하던 중 그 언니도 피해자라는 것을 알 수 있었다. 동생으로부터 언니의 구체적인 이야기를 듣기는 어려웠다. 어머니가 카르민다를 낳고 수아이로 재가를 하면서 자매는 서로 다른 아버지에게서 태어났다. 둘은 어려서부터 따로 살았다. 일본군에게 강제 동원될 때에도 다른 곳에 끌려갔기 때문에 성노예였다는 것을 당시에는 서로 몰랐다. 전쟁이 끝나고도 둘은 따로 살았다. 각자 생활하다가 나이가 들면서 1970년 즈음에 지금 있는 조카의 집에 모여 살게 되었다.

그녀는 알츠하이머가 심해 과거의 기억뿐 아니라 어제오늘의 일도 제대로 기억하지 못하고 있다. 이름이나 나이 등 간단한 질문에도 그저 웃음으로만 답할 뿐이다. 동생의 나이와 신변은 알 수 있었지만 그녀의 나이는 알 수 없었다. 우선 그녀가 동원된 나이를 추정하기 위해 둘 사이에 몇 명의 형제자매가 있었는지, 당시 월경 여부, 가슴 발육 등의 정황을 토대로 확인해야 한다. 중간에 한 명의 형제가 있었고, 어머니가 두 번째로 결혼한 시기를 고려했을 때 네 살 정도의 터울이 있을 것으로 추정된다. 그래서 그녀가 동원될 당시의 나이를 열여섯 살쯤으로 판단했다.

동생의 말에 따르면 일본군이 들어올 무렵 둘은 비슷한 시기에 동원되었다. 일본군은 수아이에서 이곳 틸로마르까지 군 트럭이 다닐 수 있는 길을 만들면서 들어왔다. 그녀는 길을 만드는 일에 강제로 동원되어 흙과 돌을 나르는 고된 일을 했다. 어린 그녀는 일본군의 눈에 띄어 밤마다 군부대로 따로 끌려갔다. 그리고 전쟁이 끝나기까지 3년 동안 성노예가 되었다.

동생의 이야기가 이어지면서 점점 당시의 이야기로 빨려들어간다. 당시 일본군이 했던 만행에 관해 이야기하던 중 그녀는 '이치いち, 니に, 산さん' 하며 일본어 숫자를 내뱉는다. 그리고 그저 웃고만 있던 그녀의 표정이 일그러지기 시작한다. 말 한마디 할 수 없지만 깊게 팬 주름, 산발한 흰머리, 가늘게 늘어진 피부, 퀭한 눈빛, 흔들리는 몸짓, 이 모든 것이 그녀가 품어왔을 고통의 이야기를 대신하고 있다.

'기억은 잊었지만 트라우마는 남아'라는 생각이 나의 뇌리를 스쳐 간다. 이미 대부분 피해자의 나이가 80대 중반에서 90대. 그녀 또한 여든여덟 살로 추정된다. 나이를 먹었으니 기억을 고스란히 간직하고 있으리라 기대하기는 어렵다. 과거를 잊는다 해도 이상하지 않은 나이다. 대화조차 불가능할 정도로 그녀는 모든 기억을 잃었다. 그녀가 당시 일본군에게 겪었던 고통의 상처는 심한 알츠하이머로도 지울 수 없는 흔적으로 남아 있다.

풀다

"엄마! 갖…고…싶…다"

_박차순

박차순
1923년(2017년 사망) 한국 전라남도 출생
1942년 19세에 3년간 중국 동원
중국 후베이성 샤오간에 남겨짐

2003년 중국에 남겨진 조선인 피해자의 존재를 한국 정부와 사람들에게 알리는 것이 급선무였다. 타국에 버려지다시피 해 살아가는 피해자들에게 우리가 당신들을 잊지 않고 있다는 희망을 주고 싶었다. 사진을 통해 사람들이 그녀들의 존재와 고통을 알게 되면 자발적으로 피해자들을 돕기 위한 행동에 나서리라는 생각에 사진전을 기획하게 되었다.

사진만 찍을 줄 알았지 전시회 경험이 전무한 터라 우왕좌왕하면서 지인들의 도움으로 8월에 피해자들의 존재를 알릴 수 있었다. 갤러리를 구하는 것에서, 도록 디자인과 인쇄, 전시 디스플레이, 개막식까지 지인들의 손길이 닿지 않은 것이 없었다. 홍보도 잘되어 전시 기간 2주 동안 단체 관람을 비롯해 1000명이 넘는 관람객이 다녀갔다. 2003년 당시 의외로 일본군 '위안부'에 대해 모르는 사람도 많았다. 중국에 조선인 피해자가 남아 있으리라고는 생각하지 못한 사람이 열에 아홉은 되었다.

_박차순

전시 기간 중 몇몇 사람과 단체 관람을 온 이들로부터 성금을 전달받았지만, 피해자 한 사람에게조차 넉넉하게 돌아갈 정도는 아니었다. 미디어의 반응은 뜨거웠지만, 사람들의 반응은 뜨뜻미지근했다. 8월 광복절에 있던 반짝 관심이 지속적으로 이어지지 못하는 현실을 지켜봐야만 했다.

그렇다고 멈출 수는 없었다. 한국뿐 아니라 일본, 미국에서 계속 사진전을 열고, 비용이 마련되는 대로 피해자들을 만나러 다시 떠났다. 그동안 십시일반으로 도와준 후원금을 들고 그녀들의 생활비와 약값에 보탤 수 있도록 전달했다. 그러나 시간이 지날수록 드리는 돈에 비해 그녀들의 생활이 나아지는 모습은 더뎠다. 피해자들의 나이가 많다보니 돈을 찾으러 은행에 가거나, 필요한 물건을 사기 위해 외출하기에는 건강이 허락되질 않았다. 오히려 가족이 없는 피해자의 경우 보호자를 자청하는 이들에 의해 그 돈이 엉뚱하게 사용되고 있었다.

2003년 중국에 남겨진 박차순은 그 어느 피해자보다 생활 환경이 남루했다. 처음 발견됐을 당시에는 부서져 내리는 농촌의 흙집에서 혼자 생활하고 있었다. 2005년 한국 국적을 취득해 2006년부터 한국 정부로부터 100여 만 원의 생활지원금이 보내졌다. 중국 시골에서 서너 달 치 월급에 달한다. 양딸은 샤오간孝感 외곽에 집을 마련하고 그녀를 데려다 살았다. 양딸 부부와 두 손자의 가족이 함께 사는 대가족이다. 2층의 집에는 각자의 방이 있었지만, 그녀의 방만 없었다. 창고 한쪽에 보도블록으로 벽을 쌓고 천막으로 천장을 막아

_박차순

방 형태로 꾸며 그녀에게 내주었다.

후베이성은 중국의 분지에 가까워 여름에는 3대 찜통이고, 습기가 많은 이 지역의 겨울은 섭씨 영하 6~7도쯤이지만 뼈를 파고드는 추위를 느끼게 한다. 습한 추위와 더위를 막을 대책이 요구되었다. 같이 중국에서 피해자를 찾고 지원해온 황성찬과 상의한 후 돈을 전달하기보다는 피해자에게 직접 도움이 되는 일을 하자고 의견을 모았다. 병원에 모시고 가 건강진단과 진료를 하고 약을 사드리거나 생활 환경 개선을 위해 집을 고치는 일을 직접 해야겠다는 결론에 이르렀다.

집수리에 필요한 비용을 크라우드펀딩과 모금으로 충당했다. 사진전을 하면서 모아둔 후원금을 더해 일본에서는 전단을 만들어 직접 집수리에 참여할 사람과 수리 비용 후원을 시민들에게 호소했다. 처음 시도한 크라우드펀딩은 반응이 시원치 않았다. 집수리에 필요한 금액의 3분의 1밖에 모이지 않아 대책을 세우고 홍보에 힘을 기울이는 수밖에 없었다. 얼마 지나지 않아 목표치의 두 배인 700만 원의 금액이 모였다.

69명의 후원과 한국 8명, 일본 8명, 중국 동포 9명이 자신의 경비를 직접 써가며 후베이성湖北省 샤오간에 모였다. 그녀의 방 사방을 한국에서 가져간 단열시트로 시공하고, 석고보드와 벽지로 마무리해 찬바람이 들지 않도록 했다. 그리고 지붕에서 내려오는 한기를 막기 위해 15센티미터의 샌드위치 패널로 두툼한 천장을 만들었다. 집수리에 일주일 정도 소요될 것으로 예상했지만, 모인 인원들이 동시

_박차순

에 분업해 진행하면서 이틀 만에 마쳤다. 기술이 모자라더라도 우리 힘으로 고치는 데 의미를 두려 했다. 자화자찬 같지만 기대 이상의 결과로 천장 만들기, 단열과 벽지 도배, 바닥 장판 깔기 등으로 따뜻하고 환한 분위기의 주거 환경이 조성되었다.

박차순은 자신이 태어난 곳을 기억하지 못한다. 그녀의 입에서 나오는 우리말은 아리랑, 두만강, 도라지 노래와 광주, 전주, 대전, 자신이 아는 조선 지명이 전부다. 우리말은 거의 다 잊었다. 그녀가 사용하는 샤오간 특유의 사투리 때문에 웬만한 중국어로도 의사소통하기가 어렵다. 어려서부터 가정 형편이 어려워 그녀의 아버지는 돈을 벌기 위해 일본으로 간 후 소식이 끊겼다. 어머니가 재가하면서 삼남매는 이모, 백부, 외할머니 집으로 뿔뿔이 흩어졌다. 그때부터 그녀는 전주의 외할머니 집에서 커야 했다.

"열일곱 살에 열 살 더 많은 남자 집에 민며느리로 갔어." 돈을 벌어야만 했기에 식당, 아이 돌보기, 세탁 등 닥치는 대로 일을 했다. 가난한 집에서 시집왔다는 이유로 시어머니의 학대가 심해 그녀는 행복하지 않았다. 결국 한밤중에 도망쳐서 전라남도 광주로 갔다. 술을 떠서 파는 집에서 일했으나 월급이 적었다. 사장에게 돈을 빌리기 시작하면서 빚이 불어나기 시작했다. 갚을 능력이 안 되자 사장은 그녀를 경성에 있는 매음굴에 팔아넘겼다. 1~2년 정도 몸을 파는 일을 하다가 또다시 위안부 모집 업자에게 팔려 중국으로 가는 기차에 태워졌고 3일 만에 둥베이東北를 거쳐 후난성湖南省에 도착했다. 당시는 1942년으로, 그녀의 나이 스무 살쯤이다. 위안소에는 조선 여자가 10명 넘게 있었고 주인은 각자에게 방을 따로 주었다.

"군인 중에는 일본인, 조선인이 있었어. 주로 일요일에 오고, 평일에는 민간인이 왔어." 위안소 안에서는 기모노와 한복만 입었다. 자기 돈으로 사 입어야 했기 때문에 바느질을 잘하는 다른 여자에게 만들어달라고 했다. 외출은 자유로웠지만, 중국말을 모르는 데다 밖에서는 할 일이 없어서 나가본 적이 없다. 매주 일본 군의관이 와서 여자들의 성병 검사를 했다. 다행히 그녀는 아프다거나 성병에 걸리거나 하지는 않았다. 일본군의 관리하에 있는 위안소는 엄격한 규율로 관리하기 때문에 외출이 자유롭지 않았지만 그녀가 있던 곳은 민간인을 받고 외출이 자유로운 것으로 미루어 군의 관리 밖에서 사설 운영된 곳으로 보인다.

2년 후 난징을 거쳐 기차로 후베이성 우한으로 이동했다. 우창武昌 외곽 지역의 일본군이 직접 운영하는 위안소로 갔다. 장제스蔣介石의 동상이 보이고 호수가 있는 곳이었다. 방 한가운데에 천을 걸어 여러 개의 방을 만들고 일본군을 받았다. 우한 시내 지칭리에 있는 위안소들보다 훨씬 더 열악했다. 평일에는 하급 군관이 오고 주말에는 일반 사병이 왔다. 많은 날에는 20명의 군인을 받아야 했다.

"입술연지, 칫솔은 일본인 주인이 줬어. 돈도 조금 주고. 일본 돈이라 마음대로 사용 못 해." 일본군이 주인에게 돈을 주고 표를 사면, 그 표를 그녀에게 주고, 그녀는 그 표를 주인에게서 돈으로 바꾸어 사용했다. 평상시에 통용되는 중국 돈이 아니고 점령지에서 군인이 사용하는 군표였기 때문에 중국인 사이에서 통용되기는 어려웠

다. 그마저 화장품 비용, 의복비, 잡비를 제하고 나면 그녀의 수중에
는 남는 것이 없었다. 당연히 전쟁에서 일본군이 패하면서 군표는 휴
지 조각이 돼버렸다.

"위안부 생활이 아주 부끄러운 짓이라고 생각해." 조선에서 자신을
어떻게 받아들일지 알기 때문에 돌아갈 생각은 할 수 없었다. 고향
에 의지할 가족은 더더욱 없었다. 일본군이 패전한 후 여성들을 일
본 조계지로 집결시켰다. 철수하는 일본군에 여자가 맞아 죽었다는
소문에 자신도 그렇게 될까봐 무서웠다. 감시가 소홀한 틈을 타 택
시 기사의 도움으로 샤오간 외곽 농촌으로 도망쳤다. 혼자 살 수 없
어 중국인 남편을 만나 결혼했지만, 아기를 낳을 수 없었다. 태어난
지 얼마 안 된 여자아이를 입양해 키웠다. 지금 같이 살고 있는 양딸
이다.

집수리하는 동안 일부 참여자와 그녀는 샤오간 시내에 식사를 하
기 위해 나갔다. 그녀는 외식이 부담스럽다며 5위안(800원)짜리 국
수를 시켰다. 식사를 마치고 발 마사지를 받으러 갔다. 태어나서 처
음 받아보는 것이라며 부끄러워한다. '두이부치對不起.' 자신의 발을 주
무르는 마사지사에게 미안해한다. 겨울옷을 사드리려 하니 손사래를
친다. '할머니 그럼 뭐가 제일 갖고 싶어요?'

"엄마! 갖…고…싶…다." 그녀는 어머니에 대한 기억도 추억도 없다.
고향에 대한 힘든 기억만 있을 뿐이다. 더듬거리는 이 한마디가 타향
에서 얼마나 고되게 살았는지 느끼게 해준다. 그녀는 마지막으로 자
신의 안식처를 찾고 싶어한다.

"명예는 훼손되지 않았어요"

_마리아

마리아 아로요Maria Arroyo
1932년 필리핀 록사스 출생
1944년 13세에 3개월간 동원

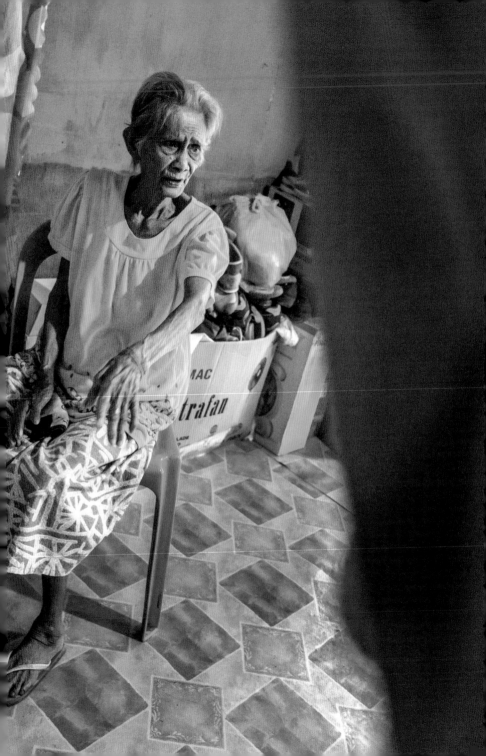

아시아의 피해자를 찾기 위해 일본과 현지에서 조사하면서 피해자가 어디에 살고 있는지 파악했다. 2013년부터 필리핀을 시작으로 피해자를 찾으러 다녔다. 만나러 가는 동안에도 몇몇은 세상을 등졌고 어렵게 만난 이들조차 오랜 시간 이야기를 나눌 정도로 건강하지는 못했다. 피해자의 기억이 토막 난 채로 이야기가 전달되어왔다. 아흔 살 전후의 나이에 모든 것을 기억하길 바라는 것은 무리다. 시간이 지날수록 동원된 장소, 시기, 방법, 일본군의 수 등 그녀들의 답변은 점점 단답형으로 바뀌어간다. 두세 번 찾아가 이야기를 듣다보면 그전에 듣지 못한 부분들이 나오기도 한다. 그래서 여러 번에 걸친 방문을 통해 이야기를 듣는 방법으로 뒤죽박죽 토막 난 기억을 시간 순으로 재편해 증언을 맞춘다.

이제는 기억이 희미해지고 있는 피해자의 이야기를 주변 가족이나 지원자에게서 들어야 하는 일이 점점 늘고 있다. 이미 지원자나 연구자에게 증언한 경우에는 그 기록이 남아 있어 그녀를 이해하는

데 큰 도움이 된다. 그러나 그 기록이 남아 있지 않다면 몇 마디 이 야기 조각들에 의존해야 한다. 혹시나 그 이야기를 가족이나 가까운 사람에게 전달해두었다면 짧게나마 들을 수 있는 것이 다행이다.

필리핀 마닐라에서 비행기로 한 시간 거리에 있는 록사스에는 8명 의 피해자가 있다. 활동가 크리스티나 그리고 페덴시아 피해자와 함 께 간다. 움직일 수 있는 4명의 피해자를 호텔 마당에서 만난다. 그 녀들을 데리고 나오기 위해 가족과 지원자들이 동원되었다. 그녀들 의 집안 형편을 알고 싶어 직접 집을 방문해 이야기를 듣고 싶다는 내 의견을 지원자에게 전했다. 그러나 이곳 단체가 주선하는 방식으 로만 진행할 수밖에 없어 큰 아쉬움이 남았다. 첫날 호텔에 모인 4명 의 피해자로부터 이야기를 들었지만 정작 그녀들의 생활 환경이나 어떤 도움을 실질적으로 필요로 하는지는 파악되지 않는다.

이튿날 몸이 불편해 외출할 수 없는 피해자들을 만나러 다닌다. 전기도 들어오지 않는 멀리 밀림에 사는 에스텔리타Estelita 피해자를 만나고 록사스 외곽에 사는 마리아를 찾았다. 그녀는 당시의 기억을 잊은 채 집 안에서만 지낸다. 피해자가 지내는 집과 방은 판자와 슬 레이트로 지어져 허름하다. 집 안을 통해 뒷마당으로 가는 복도 한 쪽을 베니어합판으로 막아 침대 하나 겨우 들어갈 공간이 생겼는데, 그곳이 그녀의 방이다. 커튼은 너덜너덜해 제 기능을 못 하고 있고, 침대보는 비닐을 엮은 깔개로 되어 있어 몸에서 나오는 땀까지 고인 다. 전등 하나 없이 커튼 사이로 들어오는 빛이 전부이기에 방 안은 어둡기만 하다.

_마리아

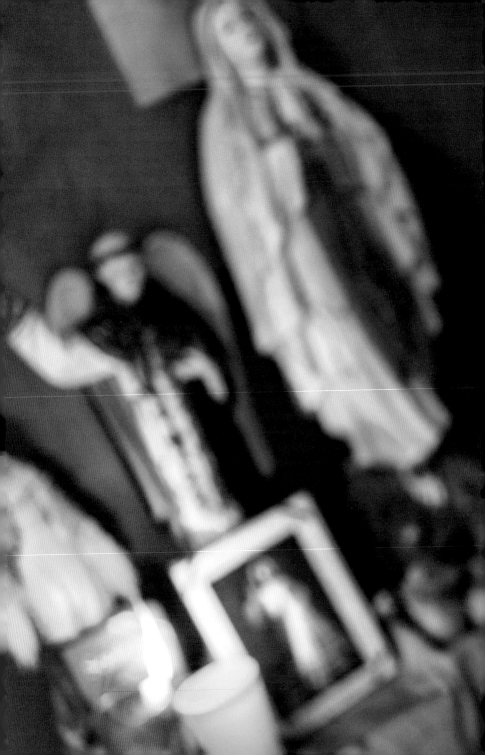

명예는 훼손되지 않았어요

반면 빛이 가장 잘 드는 거실에는 성모 마리아상이 귀퉁이에 자리 잡고 있다. 촛불이 타오르고 성호를 그으며 두 손 모아 기도하는 모습이 애처로워 보인다. 매일 많은 시간을 기도하는 데 보낸다. 자신의 고통을 이겨내고 행복을 찾으려 노력한다. 마당에 둘러앉아 그녀의 지원자이자 그녀의 딸인 제니퍼가 이야기를 대신 해주었다.

마리아가 열 살 무렵인 1942년에 일본군이 총을 쏘며 마을로 들어왔다. 일본군은 집집마다 다니면서 먹을 것을 확보하기 위해 식량과 가축을 마음대로 노획했고, 사람들은 그런 군인의 횡포를 당할 수밖에 없었다. 가정 형편이 넉넉지 않아 학교는 다니지 못하고 집안일을 돕고 있었다. 2년 뒤 부모가 일하러 간 사이 일본군 4명이 집안의 유일한 재산이자 팔기 위해 기르던 돼지를 죽였다. 그녀는 갑작스러운 일본군의 행동이 무서워 그들을 말리지 못하고 동생과 그저 숨죽여 있을 뿐이었다.

"이웃집 아주머니가 아이를 낳았는데, 일본군이 아기를 공중에 던지고 총검으로 찔렀어요." 그것을 본 그녀와 사람들은 충격에 휩싸였고 그녀는 정신적 한계에 다다라 몸이 마음대로 움직여지질 않았다. 일본군은 마을의 남녀 구분 없이 일할 수 있는 사람들을 수비대로 사용되고 있는 에마누엘 병원으로 끌고 갔다. 그녀와 동생도 죽은 돼지와 같이 잡혀갔다. 그녀는 두 명의 여자와 함께 어둡고 차가운 콘크리트 바닥의 방에 갇혔다.

"내 다리에서 따뜻한 피가 흐르는 것을 느꼈어요. 그러곤 몸 전체에 통증이 왔죠." 6명의 일본군이 들어와서 다른 여자들을 데리고 어디론가 나갔다. 4명의 군인이 남아 그녀를 바닥에 내동댕이쳤다. 2명은 강제로 그녀의 양다리를 벌리고 또 다른 군인은 겉옷과 속옷을 찢으며 강간을 했다. 차례대로 만족을 얻은 군인들은 불을 끈 채 그녀를 남겨두고 나갔다.

"나는 너덜너덜해진 옷으로 할 수 있는 한 몸을 가렸어요." 밤새 지쳐 쓰러져 있었고, 이튿날 알몸으로 굶주리며 일어났다. 일본군은 그녀에게 병원 뒷마당에서 자신들이 먹을 요리와 빨래, 청소를 하라고 지시했다. 정신을 차리고서야 같이 잡혀온 동생이 걱정되어 다른 사람에게 물어보며 찾았지만 일본군에게 맞아 죽었다는 소식만 들려왔다. 왜 죽임을 당해야만 했는지 이유는 알 수 없었다. 그녀는 괴로움, 불안, 분노 등 좋지 않은 모든 감정을 안고 있었다. 3개월간 그곳에 있으면서 신체적·정신적 고통마저 무감각해지기 시작했다. 그녀가 겪은 부당한 대우와 성폭력에 대한 침묵은 그녀 자신을 지킬 수 있는 유일한 방편이었다.

어느 날 일본군이 급히 지프를 타고 나갔고 마침 그녀를 지키고 있던 군인마저 없었다. 그녀는 일본군이 파놓은 비상 탈출용 터널을 알고 있었다. 터널은 다른 벨로Belo 위안소 근처까지 연결되어 있었다. 좁고 어둡고 습한 굴을 빠져나왔을 때에는 숲으로 둘러싸여 어디가 어딘지 구분되지 않았다. 처음 보는 곳을 헤매다 밤늦게가 돼서야 집으로 돌아왔다. 부모는 피해를 입은 딸을 보며 절망하면서도 사회에 다시 적응하도록 애써주었다.

열여섯 살에 남편을 만났다. 서로 호감을 가지고 약혼하면서 그녀

_마리아

는 그에게 과거의 일을 말했다. 그는 '일본군에게 받은 상처를 우리 시대가 끝날 때까지 돌봐줄게요'라고 말하며 청혼했다. 그러나 남편은 점점 알코올 중독에 빠졌고 그녀의 과거를 들먹이며 공격적으로 변해갔다. 이혼하고 싶을 만큼 고통스러웠으나 헤어진다면 아이들이 받을 마음의 상처가 걱정되었다. 가족의 평화를 위해 그녀는 참을 수밖에 없었다.

"내 명예는 훼손되지 않았어요. 그 세월 동안 병든 감정들을 정리할 수 있었어요." 그녀는 2001년 2월에 라디오를 통해 일본 정부로부터 공식 인정과 사과 및 법적인 보상을 요구하는 다른 피해자의 목소리에 관심을 갖기 시작했다. 그동안 품어오던 이야기를 우선 딸에게 모두 털어놓았고 라디오에 나왔던 그녀와의 만남을 원했다. 그녀는 롤라스 컴패니아의 다른 피해자와 만난 자리에서 피해의 고통을 공유하며 문제 해결에 자신감을 가졌다. 그녀는 명예 회복을 위한 강력한 연대감을 가지며 자신들의 문제를 알리는 활동을 했다.

"일본 정부가 조만간 희생자들에 대해 법적 보상을 직접 할 것을 진심으로 바랍니다. 그들은 적어도 성노예 제도로 희생당한 여러 형태의 고통을 해소해야 합니다. 일본 정부가 짓밟은 여성들의 주장에 대응할 때, 비로소 우리는 명예를 지킬 수 있습니다."

"높은 사람이 직접 와서 봐야 해요"

_라우린다

라우린다 다푸할레크Laurinda Dapuhalek

1930년 동티모르 베코 출생

1942년 12세에 3년간 동원

1937년에서 1945년 사이 전쟁에 동원된 일본군의 연인원은 300만 명 정도다. 일본 정부에 의해 병사가 언제 어디로 전쟁을 치르러 갔는지, 전사해 돌아오지 못한 이들은 누구인지 그 징집 기록들이 남아 있다. 그에 비해 아시아 곳곳의 위안소에 동원된 여성의 수는 5만에서 20만으로 추정만 할 뿐이다. 산출된 여성의 수는 관련 연구자에 따라 병사 30~100명당 1.5~2명의 여성이 동원되었다고 계산했다. 일본의 식민지였던 조선과 타이완에서는 일본군의 관리하에 민간 업자가 여성들을 모집하고 아시아 각지의 위안소로 동원했다. 그 기록이 남아 있더라도 여성들에 대해 대략적인 내용 외에는 구체적인 사항이 남아 있지 않다. 하지만 타이 현지에서 발견된 '위안부' 포로 명부에는 이름, 나이 외에도 직업을 간호조무사로 속인 400여 명의 기록이 남아 있다. 그리고 연합군에 의해 일본군과 함께 포로로 잡혀 이름, 출신지, 나이, 동원 지역, 증명사진 등 일부 피해 여성들의 구체적인 내용이 전해지고 있다.

중일전쟁 발발 이후 일본 육군성은 '위안소 제도'를 만들었다. 점령지에서의 여성에 대한 무차별적인 강간으로 인한 성병을 막고, 병사들의 사기 진작을 위해 위안소를 운영했다. 민간 업자를 통해 모집하고 운영하지만, 상하이 '우미노이에海乃家' 위안소는 일본 해군 장교 출신이 해군의 제안을 받고 중국인의 방직 공장을 강제로 빼앗아 만들었다. 위안소에서 필요한 물자는 해군으로부터 받아 운영했다.

난징 리지샹利濟巷에는 4개의 건물을 이용해 대규모 위안소를 만들었는데, 이곳에는 전쟁이 끝날 때까지 늘 200여 명의 조선인 여성이 있었다. 우리가 '위안부' 하면 떠올리는 대표적인 이미지 중 하나는 임신한 여성이 있는 사진이다. 1944년 윈난성雲南省 쑹산松山에서 피해자들이 연합군에 포로로 잡혔을 때 일본계 연합군과 함께 찍힌 것이다. 임신한 여성은 북한 출신의 박영심 피해자다. 1939년 그녀는 난징의 리지샹 2호에 있는 '긴스이루樓' 위안소로 동원되었다. 우타마루歌丸라는 일본 이름으로 성노예가 되었다. 이후 일본군의 전선을 따라 버마, 윈난으로 이동했다. 배 속의 아기는 수용소에서 사산되었다.

1942년 전쟁의 전선이 태평양으로 확대되면서 타이완, 조선, 일본 여성들이 그곳까지 동원되어 갔다. 이들 여성이 그곳으로 가기 위해서는 배를 타야 했다. '위안부' 모집 업자는 출발 국가의 일본 경찰에게 여성들의 도항 명부를 작성해 제출하고 허가를 받아야만 해외로 나갈 수 있었다. 성매매 명목으로 도항이 안 되면 간호사, 공장 취업 등 다른 명목으로 경찰과 업자가 결탁하여 발급하기도 했다.

전쟁 후반기에 일본군의 최전선인 인도네시아, 동티모르로 갈수록

동원되는 식민지 여성의 수가 줄어들면서, 일본군은 현지에서 여성들을 강제 동원했다. 국제법상 점령지에서 부녀자에 대한 추업이나 성폭력은 엄격히 금지되어 있다. 그러나 일본군은 인도네시아 민간인 구치소에 억류되어 있던 17~28세의 네덜란드 여성 35명을 강제 동원하는 '스마랑Semarang 강간 사건'을 저질렀다. 그녀들이 알아보지 못하는 일본어로 된 서류에 강제로 서명하게 한 뒤 장교들만 이용하는 히노마루日の丸, 스마랑클럽 등 네 곳의 위안소로 데려가 성노예로 삼았다. 이후 강제 동원 사실이 문제가 되자 다시 여성들을 구치소로 돌려보냈다. 전쟁이 끝나고 1948년 바타비아 전범 재판에서 이 일을 주도한 오카다 게이지岡田慶治 육군 소좌에게는 사형이 선고되었고, 11명의 군인과 군속이 2~20년의 금고형 유죄 판결을 받았다.

점령지 동티모르에서도 형식적으로 일본군이 부모의 허락을 받고 여성을 데려갔다는 증언이 있다. 일본군은 여성에게 같이 가지 않으면 부모를 죽이겠다고 협박하기도 했다. 여성을 강제로 데려가는 일본군에게 저항하다가 죽임을 당하는 가족도 있었다. 위안소가 설치되지 못한 곳에서는 부대 내에 감금해 성폭행을 일삼았고 장교가 여성을 독점해 현지처의 형태로 두고 주둔하는 동안 같이 살기도 했다.

라우린다는 부모, 언니들과 베코에서 농사를 지으며 살았다. 당시 많은 사람이 군사 도로를 만드는 일에 강제 동원되었다. 언니들은 결혼했던 터라 그녀만 비슷한 또래 2명의 여자와 함께 일본군에게 잡혀갔다. 두 시간 거리에 있는 수아이로 동원되어 건설 현장에서 돌과 흙을 나르며 도로를 만드는 중노동을 했다. 그러다 일본군의 눈

_라우린다

에 띄어 어디로 가는지도 모른 채 끌려갔다.

"일본군이 내 질에 큰 물건을 채웠어요. 피가 나고, 그들은 행복해 했어요." 그녀는 걸을 수조차 없었다. 매일 밤 10여 명의 군인이 찾아와 그녀를 괴롭혔다. 그녀는 원하지 않는 행위였지만, 총칼을 가진 일본군에게 맞아 죽을지 모른다는 두려움 때문에 저항할 수 없었다. 부대 내 위안소에는 군의관이 있어 가끔 성병 검사가 이루어졌다. 아프면 약을 먹고 주사도 맞았다. 그녀는 그곳에 있는 동안 다행히 성병에 걸리거나 임신이 되진 않았다.

수아이, 에르메라, 보보나로에 있는 여성들도 이곳에 강제 동원되었다. 위안소에 있는 동안 마주할 수 있는 사람은 그녀들이 전부였다. 서로 의지하면서 친하게 지냈다. 전쟁이 끝나고서야 3년 만에 집으로 돌아올 수 있었다. 집에 돌아온 후 한동안 결혼 생각은 할 수 없었다. 계속되는 악몽과 정신적 외상 후유증 때문에 남자와 잔다는 것을 상상도 할 수 없었다.

"일본의 높은 사람이 와서 직접 봐야 해요." 일본의 어느 정치인 하나 그녀를 찾아오지 않는다. 그녀의 말은 일본 정부 자신이 한 짓을 직접 조사하고 반성해야 한다는 의미를 내포하고 있다. 일본 정부는 동티모르 곳곳에 다리와 길을 만드는 것에 대한 경제적인 원조를 하고 있다. 이로 인해 동티모르 정부는 피해국임에도 가해국에 대해 비루한 침묵을 한다. 이곳 포호렘까지 오는 동안 튼튼하게 만든 다리 두 개를 지났다. 다리 끝에는 동티모르와 일본 국기가 나란히 새겨진 표지판을 세워두었다. 이러한 것이 피해자에게 어떤 의미를 지

닐까? 침략 시기 동티모르 주민을 강제 동원해 길을 만들었고 지금은 일본의 자본으로 길을 만들고 있다. 그녀와 그들은 이 길을 지날 때마다 고초로 남아 있는 기억을 다시 떠올린다.

"돈과 옷을 주어야 해요. 옛날 생각만 하면 마음이 아파요." 라우린다는 마음의 상처에 대해 일본 정부에 보상을 요구한다. 그때 생각을 하면 그녀는 아직도 머리가 아프고 마음이 안 좋다. 동티모르 인권단체인 HAK이 찾아오지만, 그녀들의 의료나 환경 개선에는 도움이 되지 않는다. 동티모르는 의료가 무료이지만, 무엇보다 오지 끝에 살기 때문에 대중교통이 불편하다. 가장 가까운 세 시간 거리의 수아이의 병원까지 가서 의료 혜택을 받기에는 그녀에게 무리다.

뜨거운 햇살을 피해 처마에 앉아 이야기하는 동안 그녀의 팔뚝에 새긴 문신이 눈에 들어온다. 한자와 영어로 새겨져 있지만, 무슨 의미인지 알아보기 힘들다. 위안소에 있을 때 일본군이 여자들을 구분하기 위해 강제로 새겨넣은 일본식 이름이다. 빛이 들어오는 각도를 이리저리 맞춰봐도 살가죽이 늘어져 흐릿해진 문신의 내용은 파악하기 어려웠다. 최대한 잘 찍어 일본으로 돌아온 후 확인하니 '다스코鶴多子' 'JAPON……'으로 판명되었다. 두 번째 방문에서는 날씨가 쾌청해서인지, 알고 봐서인지 문신이 더 선명하게 들어온다. 그녀는 일본어를 읽을 줄 모른다. 지금까지 살아오면서 하루에 몇 번이라도 스쳐 봐야 할 자리다. 몸에 새겨져 지워지지 않는 문신만큼이나 당시의 고통이 그녀 가슴 깊은 곳에도 새겨져 있다.

"나에게 사과를 해야 해요"

_미나

미나Minah
1927년 인도네시아 술라웨시 출생
1942년 15세에 2년간 동원

일본 정부는 아시아여성기금을 피해자에게 전달하기 위해 각 나라
의 피해 실태를 파악했다. 인도네시아에서는 6000여 명이 자신이 피
해자라고 밝혔지만, 전수 조사가 이루어지지 않았다. 인도네시아 정
부는 노인 복지 시설을 지어달라며 아시아여성기금 재단에 요구했
다. 3억8000만 엔이 10년 동안 지원되면서 69곳의 노인 복지 시설
을 지어 운영했다. 인도네시아 자카르타에서 여성운동을 하는 에카
씨를 만나 이 시설이 어떻게 활용되고 있는지 물었다. 당연히 피해자
를 위해 사용되어야 하지만, 블리타르 한 곳만 14명의 피해자를 수
용하고 있었다. 피해자들은 개개인에게 도움이 될 만한 지원을 원했
지만, 받아들여지지 않았다. 지금은 어떻게 운영되고 있는지 알 길이
없다고 한다. 당시 조사가 된 피해자에 대해서도 지속적인 관리가 이
뤄지지 않아 지금은 개개인의 고통과 책임으로만 남겨져 있다. 피해
자들은 누구의 관심도 받지 못하는 가운데 아픔을 이겨내기 위해
스스로 모든 것을 껴안을 수밖에 없었다.

_미나

나는 이곳에서 피해자 사진전을 하고 싶다고 다르마위 씨에게 말을 꺼냈다. 그런데 그는 정부의 허가를 받아야 전시를 열 수 있다고 말한다. 일본군 성노예 문제는 인도네시아에서 지금까지도 금기시되어 사회적으로 논의할 기회가 적었다. 나는 이제야 그녀들을 찾아나섰고, 그녀들의 말에 귀 기울이고 있다. 기억하기 두렵고 힘든 환경 속에서 그녀들의 이야기를 끄집어내어 기록하고, 국제사회에 알리는 것이 내가 할 수 있는 최선이다. 그러나 고령인 그녀들의 말에 귀를 기울이며, 상처를 보듬고 치유할 수 있는 시간은 점점 부족해지고 있다.

술라웨시에 온 지 이틀 만에 겨우 토라자 가까이 칼로시까지 왔다. 이곳에서 아무리 가까운 호텔이라 해도 두 시간은 걸린다. 마땅히 머물 곳도 없으니 다르마위 씨는 불편하더라도 자기 누나 집에 며칠 머물며 지내는 것이 어떻겠냐고 제안한다. 피해자 한 명이라도 더 만나기 위해 시간 절약을 할 겸 머물기로 한다. 두 개의 방이 있는 집이지만, 누나와 조카들이 사용하고 있어 나와 통역가는 거실에 놓여 있는 침대에서 지낸다.

입구에는 20여 명은 족히 앉을 수 있는 소파가 양쪽을 빈틈없이 채우고 있다. 매일 아침 햇살이 잘 드는 곳의 나무 의자에 할머니가 앉아 있다. 밖을 바라보며 오가는 사람들과 굉음을 내는 오토바이와 자동차를 응시할 뿐 별다른 행동은 없다. 둘째 날이 되어서 알게 된 사실인데, 그와 먼 친척인 미나도 일본군에게 피해를 입은 적이 있었다. 명단에 이름을 올려두었지만, 사전에 같이 산다고 알려주지 않았

_미나

기에 피해자라고 생각하지 못했다. 그녀는 다섯 자녀를 두었는데 셋은 자이푸르에 살고 있어 조만간 그곳으로 이주할 예정이다. 얼마 전까지 인근 마을에 혼자 살았지만, 이주하는 과정에서 짐 정리를 하면서 잠시 다르마위 씨의 누나 집에 머물고 있다.

미나의 한쪽 눈은 실명되어 보이지 않는다. 나머지 눈마저 백내장으로 희끄무레한 막이 가득해 사물이 희미하게 보인다. 그녀가 머무는 방으로 이야기를 나누기 위해 들어간다. 중학생 손주 조카와 사용하고 있는 방은 창문 하나 없어 빛과 바람이 통하지 않는다. 자리를 잡고 앉자마자 쉴 틈 없이 말을 계속 토해낸다. 그동안 가슴에 묻어두었던 이야기는 통역할 틈도 없이 다르마위 씨에게 전해졌다. 다시 표준어로 통역가에게 전달되어 토막에 토막 난 단어로 나에게 전해온다. 중요한 몇 개의 단어만으로 그녀의 증언을 확인하며 다음 질문을 이어간다.

미나는 커피농장을 하는 부모님을 돕기 위해 농장으로 가던 중이었다. 마을 순찰을 하는 일본군은 그녀에게 무서움의 대상이었고, 마주치지 않기 위해 일부러 피해 다녔다. 어쩌다 마주친 일본군은 아무것도 묻지 않은 채 그녀를 강제로 트럭에 태웠다. 루마 마을에서 칼로시 마을로 이동하며 계속해서 여자들을 모았다.

"여자들이 50명은 족히 있었어요. 목욕을 시키고 사룽(치마처럼 두르는 인도네시아 전통 의상)과 셔츠를 주었어요." 군부대에 도착했을 때는 이미 다른 곳에서 잡혀온 많은 여자가 군부대 바락Barak(대나무로 만든 집, 인도네시아에서는 위안소를 지칭하기도 한다)에 모여 있었다. 일

_미나

본군은 먹을 것을 준 뒤 울고 있는 여자들을 각자 배당된 방으로 들여보냈다.

"첫 군인에게 나를 강간하지 말라고 하니까, 주먹으로 눈을 때렸어요." 눈에서 피가 나기 시작했지만, 그녀를 강간하고 싶어하는 4명의 일본군에 이어 또 한 명이 들어왔다. 계속해서 들어오는 일본군들은 그녀의 피눈물에도 아랑곳하지 않았다. 그곳에는 세사Sesa, 보도Bo'do 두 명의 친한 친구도 같이 있었다. 그녀들 모두 열다섯 살의 나이였고, 그녀와 같은 학대를 받으며 지냈다. 바락에 있을 때는 서로 이야기를 나누고 의지했지만, 그곳을 나온 이후로는 그녀들이 어디로 갔는지 어떻게 지내는지 소식을 들을 수 없었다.

"성기에 통증과 부기가 가실 날이 없었어요." 성기가 부어오르고 계속되는 성폭행에 그녀는 저항할 의지마저 잃었다. 그곳에 머무는 동안 그녀는 두 번의 임신을 했다. 임신 중에도 일본군의 강간은 계속되었다. 첫 번째 아기는 유산하고, 두 번째 아기는 태어난 지 7개월 만에 죽었다. 바락에는 2명의 일본인 의사가 있어 아기에게 약을 주었지만, 차도가 없었다. 그녀는 음식과 영양 부족으로 고통을 겪는 아기의 생명을 구할 수 없었다.

전쟁이 끝나고 일본군은 그녀에게 집으로 돌아가라고 했다. 토나토라자에서 집까지 배가 고플 때마다 모르는 집에 들어가 밥을 얻어먹으며 8일간 걸어서 돌아왔다. 일본군에게 얻어맞아 실명된 눈을 치료하기 위해 두 차례 수술을 받았지만 낫지 않았다. 지금도 두통과 발열이 생기며 가슴이 답답해 종종 병원에 간다.

_미나

"나는 일본군에게 강간당했기 때문에 일본 정부가 나에게 사과해야 해요." 평생에 걸쳐 과거의 사실에 대해 일본 정부의 사과와 손해배상을 원했지만, 그녀가 직접 나서서 해결할 방법은 없었다. 과거의 상처를 제대로 치유받지 못한 채 살아온 것이 억울할 뿐이다. 인도네시아 정부는 그녀의 이야기에 귀 기울이지 않는다. 오히려 일본 정부로부터 받은 지원금 때문에 그녀들의 이야기를 묵살하고 이 문제에 침묵하고 있다. 그녀의 정의와 인권은 역사 속에 묻히고 있다. 다르마위 씨와 몇몇 사람이 노력하고 있지만, 인도네시아와 일본 정부에 피해자의 고통을 전달하기란 쉽지 않다.

더불다

"아이가 일본군을
닮았다고 멸시했어"

_웨이사오란

웨이사오란韋紹蘭
1920년(2019년 사망) 중국 광시좡족자치구 출생
1944년 24세에 3개월간 동원

아시아 태평양, 베트남, IS, 로힝야 등 세계 곳곳에서 일어나는 전쟁과 내전에서는 총 든 군인에 의해 무차별적인 부녀자 강간이 일어났다. 이로 인해 군인들은 성병이 생겨 정상적으로 전쟁을 치르기 어려워졌다. 부녀자 성폭행 금지 규칙을 강조하다보면 군인의 사기가 떨어지기 때문에 장교나 군 통치자가 방치하는 경우도 있었다. 이러한 점령지 부녀자에 대한 전시 성폭력은 전쟁의 명분을 잃게 한다. 오랜 전쟁의 역사에서 이런 문제가 지속적으로 발생하면서 '육상전 법규와 관례에 대한 조약' '제노바 협약' 등 민간인과 부녀자에 대한 보호 규정을 만들어두었다. 그러나 무력적인 상황에서 규정은 지켜지지 않았다.

일본 육군은 1937년 중일전쟁 발발 후 '위안소 제도'를 만들어가며 부녀자를 동원하고 성노예로 삼는 것을 공식화했다. 중국의 상하이, 우한, 하이난 등 대도시에는 일본과 조선 여성이 있던 위안소 외에도 중국 여성들로 구성된 위안소가 있었다. 상하이 사범대학 쑤즈

아이가 일본군을 닮았다고 멸시했어

량 교수의 조사에 의하면 상하이에만 160여 곳, 난징에 40~50여 곳의 위안소가 있었는데, 여기에는 다수의 중국 여성도 포함되어 있다고 한다.

중국의 위안소가 꼭 제도권 아래에 있었던 것은 아니다. 전투가 벌어지는 지역이나 전쟁의 최전선, 오지에서는 위안소가 설치되기 어려웠다. 일본군은 성욕을 채우기 위해 항일투쟁을 하던 여성 포로나 길 가는 여성, 부역에 동원된 여성들을 납치해 부대 안에 감금한 뒤 성욕을 채우곤 했다. 성병 방지를 위한 콘돔은 사용하지 않을 때가 많았다. 성병을 검사하는 군의관이나 의사도 없이 질병에 노출된 여성이 대부분이고 특히 가임기 여성들은 임신의 위험까지 안고 있었다. 산시성山西省, 광시좡족자치구廣西壯族自治區, 하이난 등지에서 만난 대부분의 피해자가 이런 경우다.

유명 관광지 구이린桂林으로부터 차량으로 두 시간 거리인 리푸현荔浦縣에서 웨이사오란을 만난다. 이곳에 2~3명의 피해자가 있지만 이들을 지원하는 단체는 따로 없었다. 그녀의 사위 우원빈武文斌 씨가 그녀와 옆 마을의 허위전何玉珍 피해자까지 안내하고 있다. 리푸현 시내에서 사위를 만나 그리 멀지 않은 시골집으로 찾아간다. 그녀의 집은 흙벽돌로 지어져 벽 틈과 지붕 사이로 빛과 바람이 넘나들고 있다. 소를 키우는 공간이 따로 있고 방문이 없는 집 안에는 닭과 같은 작은 가축이 자유롭게 돌아다닌다. 그녀는 왜소한 몸에 회색 털옷과 모자를 둘러 추위를 이기고 있다. 쓰레기나 흙먼지보다는 동물의 똥을 치우기 위해 빗질에 열중이다. 가까이 다가가 '니하오

다냥佈好大娘' 하고 큰소리로 인사를 하니 그제야 구부렸던 허리를 펴며 누가 왔는지 확인을 한다. 문 가까이 있는 방에서는 할아버지 한 분이 우리가 오는 것을 바라보고 있다.

웨이사오란은 이 마을에서 결혼해 딸을 낳고 살았다. 일본군이 들어올 때인 1944년에는 매일 일장기가 그려진 비행기를 보는 횟수가 잦았다. 농사를 짓는 시골 마을이기 때문에 일본군이 여기까지 오리라는 걱정은 하지 않았다. 그러나 대포 소리가 가까워지면서 시골 마을에도 공포가 엄습해왔다. 그녀는 한 살이 안 된 딸아이를 업고, 사람들과 산속 동굴로 피신했다. 대포와 총소리가 잦아들 때 딸을 업고 마을로 내려오다가 일본군에게 들켰다. 일본군은 그녀와 다른 마을 4명의 여자를 강제로 잡아끌고 군 트럭에 태우려 했다. 트럭에 타지 않기 위해 몸부림치는 2명의 여자는 그 자리에서 일본군의 총에 맞아 죽었다. 그녀는 아기가 해코지를 당할까봐 저항도 못 한 채 트럭에 탈 수밖에 없었다.

"아기가 아무리 울어도 일본군은 아무런 관심이 없어. 그 짓만 할 뿐이야." 그녀는 지금도 처음 자신을 성폭행한 일본군을 잊을 수가 없다. 아기가 낯선 환경에 울어대도 군인은 업고 있는 아기를 내려놓으라 했고, 우는 아기를 옆에 내버려둔 채 그 자리에서 그녀를 성폭행했기 때문이다.

"(일본말이라) 뭐라고 하는지도 몰라. 죽일까봐 겁나서 울지도 못했어." 혼자만의 목숨이 아니었다. 그렇게 묵묵히 참으면서 당했다. 그 뒤로 매일 밤 4~5명의 일본군이 그녀를 찾아왔다. 다른 여자들은 저항할 때마다 맞곤 했지만, 그녀는 아기 때문에 저항 한번 못 했다.

석 달이 지날 무렵 그녀는 날이 밝기 전에 아기를 업혀 재우고, 방 안의 작은 구멍으로 도망 나와 다른 중국인 집에 숨어들었다. 어디가 어디인지 구분되지 않아 날이 밝기를 기다렸다가 해 뜨는 방향으로 무조건 걸었다. 배가 고파 모르는 사람의 집에서 죽을 얻어먹었다. 길을 물어가며 30킬로미터 거리를 이틀 동안 걸었다. 3개월 만에 집에 돌아오자 남편은 '당신 잘못이 아니다'라며 그녀를 원망하지 않았다.

"일본군에게 잡혀갔다 온 후부터 월경을 안 하는 거야." 돌아온 지 3개월 만에 그녀의 딸아이는 배앓이를 시작했고, 돈이 없어 병원에 가지 못해 결국 죽고 말았다. 그리고 그녀의 배 속에는 또 다른 생명이 자라고 있었다. 시댁에 살고 있었기 때문에 누구에게도 감출 수 없었다. 시어머니는 일본군의 아기라 불길하다며 태어나면 죽이겠다고까지 했다. 온순한 성격의 그녀는 아무런 말을 할 수 없었다. 남자아이가 태어나자 시어머니는 나중에 농사일에 부릴 수 있다고 생각해 살려두기로 했다. 생명을 해치지 않은 것은 다행이었지만, 이때부터 두 모자의 비운이 시작되었다.

"아이가 점점 커가면서 마을 사람들은 아이 얼굴이 일본군을 닮았다고 멸시했어." 일본군에게 잡혀갔다 왔다는 이유로 그녀와 아이에 대한 마을 사람들의 멸시는 점점 심해졌다. 결국 아들에게까지 불똥이 튀었다. 그녀의 아들에게는 특히 배운다거나 일할 기회가 주어지지 않았다. 그 마을에서 결혼도 할 수 없어 독신으로 지냈다. 같

은 고통을 가진 두 사람만의 의지로 아픔을 이겨낼 수밖에 없었나. 엄마인 그녀는 묵묵히 강한 마음가짐으로 끝까지 견뎌냈다.

처음 그녀의 집을 들어설 때는 그녀하고만 이야기를 나누었고 아들 뤄산쉐羅善學에게는 관심을 두지 못했지만, 재차 방문하며 아들의 존재 의미를 조금씩 알게 되었고 그가 겪은 인생의 아픔에 공감되었다. 그녀와 이야기를 나누는 동안 아들은 가까이에서 담배 연기를 길게 뿜으며 어머니를 바라본다. 둘 사이에는 작은 대화조차 오가지 않는다. 식사도 같이 하지 않는다. 아들이 자라오면서 엄마에 대한 원망이 얼마나 컸을까라는 생각이 든다. 오랜 기간 이런 관계 속에서 아들은 늙어가는 노모를 보며 삶의 울분을 삭이고 있다. 그녀는 혼자 살아야 하는 그런 아들을 바라보며 말없이 걱정할 뿐이다.

처음 접하는 아들에게 무슨 이야기를 나눌지 망설여져 황성찬이 접대용으로 가지고 다니는 담배를 그에게 권한다. 말없이 담뱃불을 붙이고 한쪽에서 연신 담배 연기를 내뿜고 있다. 누군가가 자신들을 찾아오는 것을 불편해하는 듯하다. 소리 없이 피어오르는 연기에 가려진 그의 표정이 지난 시간의 고난을 그대로 반영하고 있다.

웨이사오란은 2010년 12월 일본 의회가 주최한 '위안부' 피해자 공청회에 참석했다. 그녀는 일본인들 앞에서 차분한 심정으로 이야기를 풀어냈다. 그러나 아들은 큰소리로 울부짖으며 그동안 말하지 못했던 감정을 폭발시키고 말았다. 자신의 잘못이 아닌데도 모든 사람의 손가락질을 받으며 살아야만 했던 서럽고 억울한 삶에 그의 울분이 터진 것이다. 마을에서 그녀와 아들 편에 서서 이야기를 들어주는 이는 아무도 없었다. 어리고 젊었을 때는 어머니를 원망했지만, 그렇다고 아들의 인생이 달라지지는 않았다. 이때 일본 정부에 사과와 배상을 요구하는 청원서를 제출했지만 일본 측의 답은 듣지 못했다.

아들은 일본군의 성노예가 된 어머니와 마찬가지로 분명한 피해자다. 전쟁의 역사에서 희생양으로 태어나 살아왔다. 그러나 중국과 일본 정부는 두 모자를 외면하며 책임지지 않는다. 2019년 5월 웨이사오란이 1년여의 투병생활과 노환으로 세상을 등졌다는 소식을 접했다. 그녀의 죽음에 대한 안타까움보다는 75세가 된 아들이 역경을 딛고 혼자 살아갈 일에 대한 걱정이 더 크게 다가왔다.

"이제 나랑 같이 살자"

_이수단

이수단
1922년(2016년 사망) 북한 평안남도 출생
1940년 19세에 5년간 중국 동원
중국 헤이룽장성 둥닝에 남겨짐

사진가로서 사진을 찍고 알리는 것으로 내 임무를 다했다고 할 수도 있었지만, 가족이나 혈육 없이 타국에서 사투를 벌이는 그녀들을 차마 외면할 수는 없었다. 사진전, 강연회, 역사 기록, 피해자 지원 등 겹겹프로젝트 활동을 하면서 피해자를 위해 써달라는 후원금과 책, 물품 판매의 수익금은 그녀들 몫으로 항상 따로 챙겨두었다. 그 비용으로 피해자에게 필요한 건강 진단이나, 병원 진료 및 기저귀, 욕창 방지 매트 등 직접적으로 필요한 곳에 사용했다.

이수단은 2009년과 2010년 물혹과 만성 뇌수종으로 두 번에 걸쳐 머리 내시경 수술을 받았다. 조현병, 알츠하이머가 계속해서 몰려들어 정상적인 생활이 어려운 상태였다. 2012년에 방문했을 때 그녀는 침대 낙상 사고로 인해 대퇴골에 금이 간 상태로 움직이지도 못한 채 사경을 헤매는 지경에까지 이르렀다. 경로원에 있기는 하지만, 하루 두 끼 먹는 것과 자는 것 외에는 의료나 복지 지원이 전혀 되지 않았다. 양아들 가오지샹高自祥과 상의해 인근 마을에서 간병인

아주머니를 급히 구했다. 치료가 불가능해 보이는 상황에서 먹는 것과 대소변이라도 제대로 신경 쓰는 것이 급선무였다.

2년 뒤인 2014년 그녀를 만나기 위해 둥닝으로 갔다. '할머니 저 알아보시겠어요?' 고개만 끄덕일 뿐 말이 없다. 다행히 나에 대한 기억은 가지고 있다. 그녀는 혈색이 돌고 볼살이 올라 건강을 회복한 모습으로 지내고 있다. 이제는 침대에 걸터앉아 얼굴을 마주한다. 둘째 날에는 내가 누구인지 알아보지 못한다. 어제 다녀간 것조차 기억에 없다. 조현병이 심해져 사물에 대한 집중 없이 시선이 방 안 곳곳으로 향한다. 무슨 말을 하고 싶은지 입안에서만 맴돌아 양아들도 도저히 알아들을 수 없는 옹알이만 되풀이한다.

"너희 엄마 아빠는 어디로 갔니······. 이제 나랑 같이 살자." 삭막했던 침대 주변은 갓난아기 사진으로 도배되어 있고, 머리카락이 없는 아기 인형을 꼭 껴안으며 이야기를 나누고 있다. 살아 있는 아기를 대하듯 인형을 보살핀다. 아기 인형은 경로원장이 정월 선물로 주었다. 그녀는 과거의 병 때문인지 아기를 가질 수 없었다. 나이가 들수록 아기에 대한 그리움이 커졌고 조현병이 겹치면서 아기를 갖고 싶다는 집착이 생겨났다. 아기 인형에게는 원래 머리카락이 있었지만, 하나씩 뜯다보니 지금은 한 올도 남아 있지 않다.

징신직 문세를 제외하면 그녀는 건강해 보이지만, 전문의에게 보이고 기초적인 건강 진단을 위해 휠체어를 타고 둥닝 병원으로 향한다. 그녀 혼자서는 움직일 수 없어 양아들과 경로원 부원장까지 함께 가서 검사를 받았다. 15층의 큰 병원임에도 피검사, 초음파, 심전

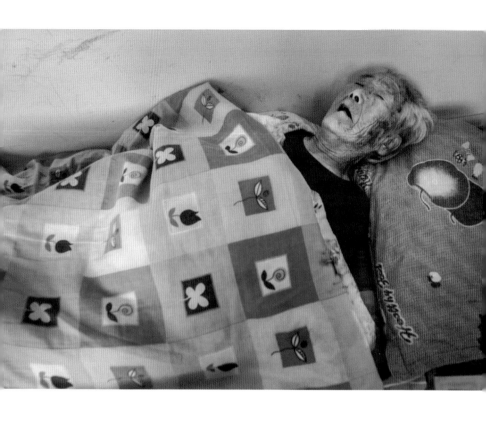

_이수단

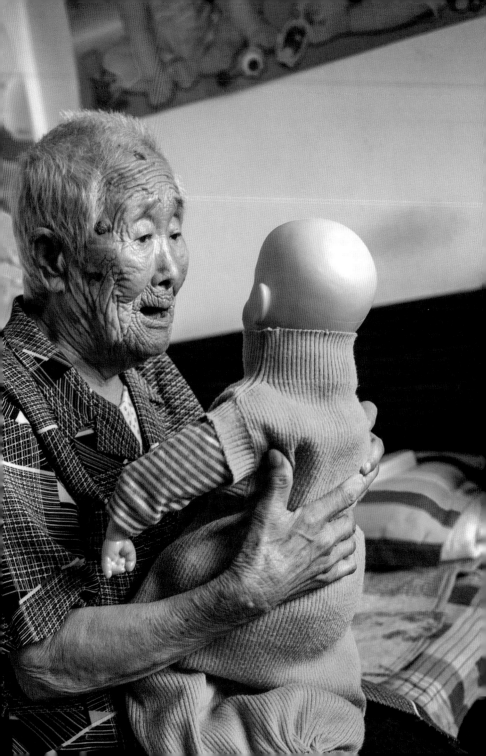

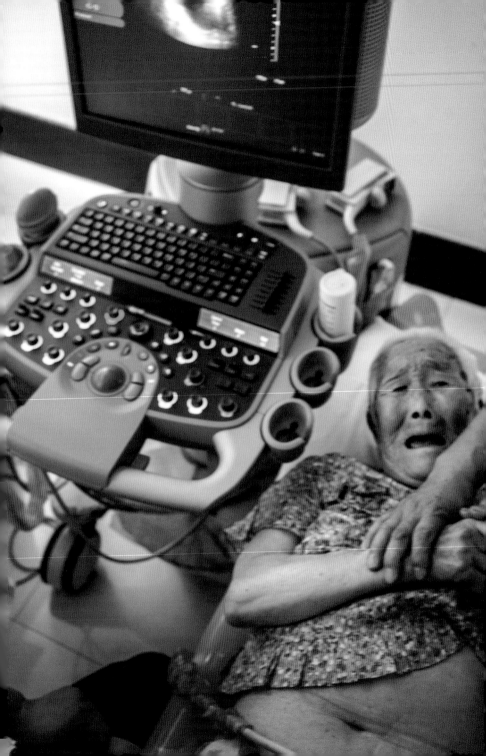

도, CT 등 환자가 직접 각 과를 돌며 접수하고 검사하러 다녀야 한다. 이후 취합한 검사 결과를 담당 의사에게 가져다주면 진단을 내리는 방식이다. 아침 일찍 갔지만, 점심시간을 훌쩍 넘겨서야 모든 검사 과정을 마쳤다. 다행히 노인성 퇴화만 있을 뿐 별다른 질환은 없다.

이수단은 북한 평양 근처 숙천군에서 태어났다. 아버지는 소작농이었고 어머니는 많이 아팠다. 그녀가 여덟 살 무렵에 일본인이 마을에 들어와 살았다. 어머니가 몸져누워 있어 그녀 나이 열네 살에 무려 열여덟 살이 더 많은 데릴사위를 얻었다. 그녀는 딸을 낳았으나 남편은 가족에 무관심했다. 딸이 세 살 때쯤 죽으면서 그녀는 친정으로 돌아와 지냈다.

"그냥 여기 와서 밥도 해주고, 옷도 지어주고 그런 일을 하는 줄 알았지." 그녀를 중국 하얼빈哈爾濱 인근 아청阿城으로 데려온 사람은 일본군의 앞잡이였다. 그는 선금으로 480원을 그녀에게 주었고 그녀는 형편이 어려운 어머니에게 모두 건네주고 왔다. 그녀는 만주에서 허드렛일을 하는 줄로만 알았다. 위안소 일본인 부부 주인은 그녀를 '히도미ひとみ'라 불렀다. 그곳에서 3년 계약을 마치고 고향으로 돌아갔다. 어머니는 병으로 죽고, 새어머니가 있었다. 마음 붙일 곳이 없어 그녀는 스스로 둥닝 스먼쯔石門子에 '수즈랑鈴蘭' 위안소로 갔다.

"병이 났어. 병이 커져서 둥닝에 있는 큰 병원에 가서 성병을 치료했어. 죽는 줄 알았지." 오전에는 사병, 오후에는 계급이 있는 군인, 밤에는 장교가 자고 갔다. 매일 8명에서 10명의 일본군이 찾아왔다.

성병 치료를 위해 열흘 동안 입원했다. 두 달 동안 그녀의 방 앞에는 일본군의 출입을 금하는 표시를 해두었다. 비싼 병원비와 약값은 고스란히 그녀의 몫이었다.

전쟁이 끝나고 일본군은 자신들만 도망치기에 바빴다. 위로는 소련군이 밀려 내려오면서 또다시 잡히면 같은 고초를 겪을까봐 얼굴에 검댕을 묻혀가며 도망쳤다. 스먼쯔 위안소 인근에 남아 한족 남자와 결혼했다. 척박한 타국에서 여자가 살아가기란 정말 어려웠다. 마을 사람들이 이혼을 권할 만큼 남편의 술주정과 폭력이 심해져 혼자 다오허전道河鎮 경로원에 들어가 살았다.

"부끄러워, 조선말을 잊어버린 게 가슴 아파." 지금도 언뜻 조선말이 들려올 때면 귀가 번쩍 뜨인다. 한국에서 가져간 신문에 있는 한글을 더듬더듬 읽어내려간다. 그녀는 자신의 이야기를 누구에게도 허심탄회하게 해본 적이 없다. 조선 땅에서 자신을 찾아온 동족에게 중국말로 자신의 고통을 이야기하는 것에 대해 그녀는 미안하다며 더 가슴 아파한다. 긴 한숨과 함께 눈물이 흘러내린다.

2016년 겨울에서 봄으로 넘어가는 사이 이수단이 침대에서 혼자 일어나 앉기도 힘든 상황이라는 소식을 들었다. 긴급히 그녀에게 필요한 기저귀, 욕창 방지 매트, 유동식과 홍삼액, 기저귀 등 물품 80킬로그램을 준비해 떠날 채비를 한다. 그동안 그녀에게 관심을 갖고 있던 일본군 '위안부' 피해자 할머니와 함께하는 마창진 시민모임에 주수경 간사, 이희인 작가, 황성찬, 나 이렇게 4명이 모였다.

이수단에게 전달되는 물품 80킬로그램을 네 상자에 나누어 담았

다. 두 사람이 세 상자를 나란히 들고 한 사람이 나머지 상자와 여행용 가방을 끌고 창춘공항으로 간다. 중국 윈난지역을 돌다 오는 황성찬과 합류하고 다시 기차로 옌지延吉로 이동하여 둥닝까지 가는 차를 빌렸다. 옌볜지역의 조선인 피해자를 찾아내 돌보고 있는 엄관빈 선생을 훈춘琿春에서 만나 함께 둥닝으로 갔다.

숙소를 잡기 전에 먼저 둥닝 샤오쑤이펀小綏芬강 건너에 있는 경로원에 간다. 우리가 온다는 소식에 이수단도 붉은색 스웨터를 말끔히 입고 기다린다. 여전히 무슨 뜻인지 알아들을 수 없는 말을 반복한다. 양아들은 이제 그녀와 말로는 소통이 되지 않는다고 한다. 그녀는 더 이상 나를 알아보지 못한다.

'아리랑, 아라리요 십 리도 못 가서 발병 난다.' '도라지 도라지 백도라지 심심산천에…….' 같이 간 친구들과 함께 그녀가 좋아하던 노래와 춤을 곁들여 흥을 돋우지만, 그녀는 반응하지 않는다. 혼자 일어나 앉으려 애쓰지만, 곧 중심을 잃고 뒤로 넘어간다. 누군가의 부축이 있어야만 일어나거나 앉을 수 있다.

서울로 돌아온 후 두 달 반 만에 저녁을 먹던 중, 엄관빈 선생으로부터 그녀의 부고 전화를 받았다. 이튿날 나는 일본으로, 황성찬은 중국으로 가야 하는 일정이었지만 그녀가 외로이 가는 길을 지키고자 옌지로 가는 마지막 남은 비행기 표 두 장을 바로 예약했다. 해가 떨어진 후 도착한 둥닝의 장례식장에는 불이 꺼져 있고, 고故 이수단의 빈소만이 어둠을 밝히고 있다. 그 앞에는 양아들이 그녀의 아기인형을 안고 자리를 지키고 있다. 선양 재중 한국영사관에 있는 영

사 세 명이 먼저 도착해서 장례를 준비하고 있었다.

그녀의 관 주변에는 그동안 그녀가 알지 못했던 사람들의 화환이 빼곡히 차 있다. 대통령 박근혜, 국무총리 황교안, 외교부 장관 윤병세, 여성가족부 장관 강은희 등 평소에 보기도 힘든 사람들의 이름이 즐비하다. 그동안 그녀 곁을 지켰던 양아들과 경로원 원장, 시댁 식구들이 마지막 가는 자리를 지키기에 버거울 정도다.

그녀는 1922년 조선인 '이수단'으로 태어나 일본 이름 '히도미'로 성노예가 되었고, 2016년 5월 17일 오후 3시, 중국인 리펑윈李鳳雲으로 생을 마쳤다.

"모든 짓에 대해 지급하길 바랍니다"
_이탕

이탕TTang
1930년(추정) 인도네시아 술라웨시 출생
1945년 15세(추정)에 3개월간 동원

한국의 피해자들은 가족 없이 혼자 사는 이들이 많았다. 가족이 있더라도 그들의 얼굴을 마주 보기가 심리적으로 쉽지 않다. 피해자의 가족이라는 신분이 노출되기라도 하면 주변에서 수군대는 것이 싫어서다. 일부 사람의 차별적인 시선은 피해자뿐만 아니라 그의 가족에게도 영향을 주기 때문이다. 가족이 문제 해결의 뜻을 가지고 있더라도 이런 부분을 감내하기란 쉽지 않다.

중국 산시성 양취현陽曲縣에서 차오헤이마오曹黑毛 피해자를 만난 적이 있다. 그녀는 자신이 사는 지역에서 피해를 받았기 때문에 마을 사람들도 그녀의 과거를 자세히 알고 있었다. 그녀는 아기를 낳지 못하는 몸이 되어, 태어난 지 얼마 안 된 여자아이를 입양해 키웠다. 내 또래 나이인 딸에게 어릴 때부터 마을 사람들로부터 어떤 말들을 들었는지 물었다. 그러자 갑자기 그녀가 울먹이기 시작하더니 급기야 울음을 그치지 못한다. 그녀의 그 울음이 그녀가 마을에서 겪어온 수모의 크기를 가늠하게 했다. 그녀의 입장을 고려하지 않은

모든 짓에 대해 지급하길 바랍니다

채 질문한 것이 너무나 미안했다. 두 번째 방문 때에는 그녀가 먼저 웃으며 반겨주어 그때의 미안했던 내 마음이 조금 사그라들었다.

이후 피해자 가족을 만날 때는 그녀의 과거를 언제, 어떻게 알았는지 물어보고 싶어도 상대가 어떤 반응을 보일지 걱정되어 자제할 때가 있다. 피해자와 그의 가족은 함께 살아가는 존재다. 전쟁의 상흔을 피해자와 가족이 고스란히 품고 살아왔기에 그들의 의견 하나라도 무시할 수 없다. 그들만의 가족애로 아픔을 이겨내야 하기 때문에 가족 또한 정신적 고통을 품으며 2차 피해를 받게 된다.

인도네시아 술라웨시에서 만난 이탕의 손자, 손녀들이 마을 어귀까지 마중을 나왔다. 그녀와 둘이서 이야기를 나누고 싶었지만, 이 집을 들어서면서부터 딸과 손자, 손녀들이 그녀의 주변에 둘러앉는다. 피해자의 마음이 불안정해 많은 이야기는 나오지 않을 거라 예상되지만, 그녀의 가족들도 이번 기회에 일본군이 그녀에게 한 만행에 대해 좀더 자세히 알았으면 하는 바람이다.

이탕은 지금 사는 핀랑의 남쪽인 빌로카에서 태어났다. 부모와 형제자매와 함께 다섯 식구가 살았다. 그녀가 시장에서 물건을 사고 있을 때, 일본군이 긴 총을 가지고 사람들을 위협하며 젊은 남녀를 잡아 트럭에 강제로 태웠다. 30여 명의 사람과 그녀는 말림풍Malim-pung의 수용소로 끌려갔다. 갑자기 잡혀갔기 때문에 가족에게 자신이 어디로 가는지 알릴 틈이 없었다. 일본군은 나중에 어린 여자들만 따로 모아 한 방에 한 명씩 가두었다.

"그들이 나를 강간한 후에 고통을 느꼈어요. 그리고 난 바닥에 누

_이탕

위 있을 뿐이에요." 일본군의 폭행을 거부할 수 없었다. 그 아픔을 감내하기 어려웠다. 매일 5명의 일본군이 찾아와 그녀를 강제로 성폭행 중 성병이나 임신 방지를 위한 콘돔을 사용하지 않았지만 다행히 그녀는 임신이 되지는 않았다. 군의관의 검사도 없었고, 아픈 곳이 있어도 아무런 치료를 받을 수 없었다. 시간이 지나면서 위안소로 사용된 수용소에 갇힌 여자는 40여 명으로 늘어났다. 인도네시아 여성들만으로 구성된 대규모 위안소였다.

일본군이 패망하면서 3개월 만에 그녀는 풀려날 수 있었고 며칠을 걸어서 집으로 돌아왔다. 그녀는 부모에게 그곳 일본군에게 끌려가 강간당한 이야기를 모두 했다. 그러나 전쟁이 끝났고 하소연할 곳이 없어 일어난 일에 대해 가족들은 아무런 대응도 못 하고 포기한 채 살아야 했다. 그녀의 이야기는 암암리에 마을로 퍼져나가 이제 그녀가 어떤 일을 겪었는지 모르는 사람이 없었다.

"배가 아파요. 일본군에게 강간당할 때 성기가 찢어진 적이 있어요." 그녀는 일본군에게 성폭력을 당한 후 아랫배가 계속 아프다. 지난 과거의 상처를 치료받지 못했고, 그녀의 마음 또한 치유되지 못한 채 살아왔다. 다행히 마을의 마음 좋은 한 남자와 결혼을 했다. 그 또한 그녀의 과거를 모두 알고 있었다.

"어떠한 형태로든 저에게 한 모든 짓에 대해 지급하길 바랍니다." 그녀는 그동안 품어온 상처가 이루 말할 수 없기에 무엇으로도 보상받지 못한다고 생각한다. 그렇지만 일본군이 자신에게 저지른 만행에 대해 일본 정부가 책임지기를 원하고 있다. 그녀는 젊은 시절 마

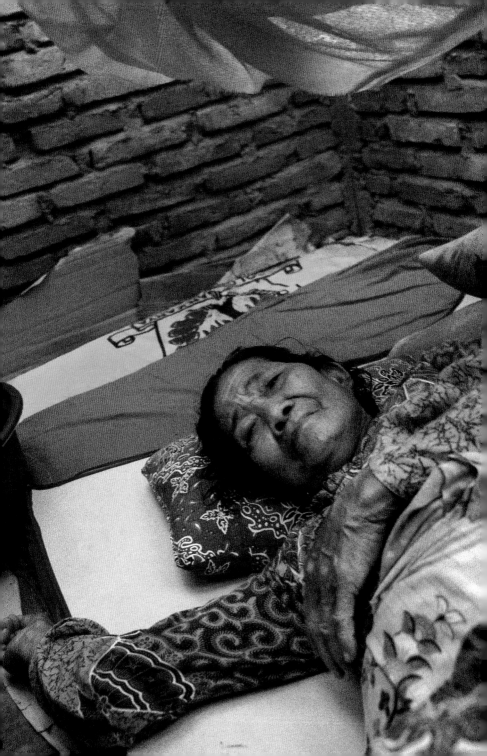

을 사람들로부터의 수모와 종교적 차별 때문에 고개를 제대로 들고 다니지 못한 채 힘겹게 지냈다. 일본군에게 피해를 받은 이후 그녀의 인생은 꼬이기 시작했다.

그녀와 이야기하는 도중에 알게 된 사실인데, 그녀의 가족들은 전쟁 시기에 그녀가 겪었던 일들을 모르고 있었다. 이야기하는 동안 하얀 히잡을 쓰고 있는 10대 손녀가 그녀의 말에 귀를 기울이는 모습이 눈에 들어온다. 손녀는 할머니가 겪었던 일을 처음 듣고 혼란스러워 무슨 말을 해야 할지 모른 채 표정이 어두워진다. 딸은 어머니의 일에 대해 젊었을 때 소문으로 들은 적이 있지만 시장에서 끌려갔다는 정도로만 알고 있었다.

피해자가 가장 말하기 어려운 상대는 가족이다. 같이 살아야 하고, 이야기 자체가 충격적이어서 가족이 어떻게 받아들일지 걱정한다. 매일 마주 봐야 하는 사람들이기에 더욱더 힘들다. 이슬람 문화에서 피해자가 가족을 비롯한 누군가에게 이야기한다는 것은 수치심과 명예살인을 동반하는 일이다. 아버지나 형제와 같은 남자에게 사실을 털어놓는 이는 더더욱 적다. 과거의 종교 차별에서 살아남았다면 운이 아주 좋은 경우다.

시간이 지날수록 가족들의 사담에 웅성거리는 소리가 커진다. 이탕과 조용한 공간에서 이야기를 나누고 싶다고 가족에게 부탁하니, 20대 손자가 그녀를 번쩍 안아 주방에 딸린 그녀의 공간으로 데려다준다. 찬장 뒤를 1미터 정도 떼어, 한 사람이 누울 만한 자리가 생겼는데 여기가 바로 그녀의 공간이다. 얇은 매트로 시멘트 바닥에서 올라오는 습기를 차단했다. 지붕에서 내려오는 열기는 한 장의 천으로 막고 있다. 원래 빛이 잘 들지 않는 집 구조에 찬장이 한 겹 더 가로막고 있어 한낮인데도 음습함이 느껴진다.

지금 지내고 있는 집 앞은 차들이 오가는 길가다. 사람보다 차가 먼저인 사회이기에 그녀는 마구 오가는 차에 치여 더는 걸을 수 없게 되었다. 본래 바닥에 궁둥이를 붙이고 집 안을 이동하지만, 손자가 종종 안아 들어 거실과 안식처를 오간다. 교통사고로 소변 누는 것을 조절하지 못해 소변 줄을 항상 달고 있고, 다친 다리가 아파 병원에 자주 간다. 다행히 의료보험이 적용돼 큰돈은 들지 않는다. 불편한 다리의 편의를 위해 좌변기나 휠체어 같은 복지용품이 필요하다.

나는 이야기를 나누며 이탕의 손을 잡는다. 처음 만나면서 잡는 손이지만, 그녀의 두 손이 오히려 나를 위로하듯 감싼다. 교통사고 후유증과 함께 노환이 있어 예전처럼 회복하기란 불가능하다. 당장 걸을 수 없어서 손자나 다른 가족의 손길이 늘 함께한다. 피해자와 가족들은 이웃의 불편한 시선과 동시에 종교적 차별로 인해 관심 아닌 관심을 받으며 고통 속에 살아왔다. 결코 자신들이 저지른 잘못이 아닌데도 마치 죄인인 양 고통은 그녀와 그 가족들만의 몫으로 남아 있다. 진심 어린 관심으로 그들의 마음의 상처를 보듬을 손길이 절실하다. 그들에게 손을 내밀고 함께할 때 그녀의 슬픔과 고통은 덜어지고, 더는 외롭지 않게 될 것이다.

"정의가 세워지길 바라요"

_파우스트

파우스트 고메즈Faust Gomez
1931년 필리핀 팜팡가 출생
1943년 12세에 1개월간 동원

아시아의 피해자를 만난다고 해서 항상 이야기를 들을 수 있는 것
은 아니다. 자신의 피해가 수치스럽다고 생각하는 이들이 많고, 낯선
외국인 남자에게 피해 사실을 털어놓는 데에는 용기가 필요하기 때
문이다. 이야기뿐 아니라 사진과 영상에 찍혀 자기 얼굴이 노출되는
상황이므로 더 큰 용기를 내야 한다.

　한국에서도 피해자와 친근함이 없으면 이야기를 듣기가 더더욱
어렵다. 중국, 인도네시아의 피해자들은 자신이 일본군에게 끌려가기
는 했으나, 부대 내에서 밥과 빨래만 했다고 말하는 이들이 여럿 있
었다. 처음에는 당연히 그런 줄로만 알았다. 피해자가 아니라고 생각
해 안부 몇 마디를 나눈 뒤 그 집을 나온 적이 있는데 그날 숙소로
돌아와 상황을 곱씹어보니 그녀가 가족의 눈치를 보고 있었다는 것
을 깨달았다. 그녀는 가족이 있는 곳에서 차마 쉽게 이야기할 수 없
었던 것이다. 이후 이야기를 꺼리는 피해자가 있으면 가족이 없는 방
이나 다른 장소로 이동해 대화를 나누었다.

피해자와 이야기를 나누기 위해서는 당사자의 의견이 가장 중요하지만, 판단력이 흐린 이들이 많기 때문에 가족의 동의도 꼭 구한다. 한국 양산의 최○○ 피해자는 두 아들과 함께 살고 있었다. 다행히 마창진 시민모임 이경희 대표의 도움으로 아들에게 그녀를 만날 수 있을지 의사를 물어볼 수 있었다. 이름이 나가지 않는 조건으로 세 차례에 걸쳐 방문했고, 그때 그녀의 아들을 두 번 만날 수 있었다. 아들과 얼굴을 마주하며 피해자의 근황에 관해 나눌 뿐, 그의 마음속에 담긴 이야기까지 듣기는 어려웠다. 하지만 필리핀에서는 반대로 이 문제에 대해 가족이나 주변 사람들이 적극으로 반응하는 분위기를 느낄 수 있었다.

필리핀의 릴라 필리피나에서 운영하는 '롤라하우스'에는 TV와 노래방 기기가 마당 한가운데를 차지하고 있다. 피해자가 그곳에 살고 있지는 않지만 모임이 있을 때마다 마닐라의 피해자들이 모인다. 하나둘 피해자가 모여들고 한 명의 피해자가 운을 띄우며 노래방 기기를 가동한다. 모두 가수 뺨치는 실력으로 노래를 하며, 춤까지 곁들여 흥겨운 분위기를 이어간다. 그 어디를 다니면서도 볼 수 없는 풍경이다. 처음에는 단순히 모여서 즐겁게 놀고 있는 것이라 생각했다. 나도 같이 뒤섞여 춤을 추다보니 그녀들의 표정이 밝지만은 않다. 오히려 웃고 즐기는 몸짓과 표정에서 슬픔이 비치기 시작한다. 아픔을 달래기 위해 다른 나라처럼 가슴속에 묵혀 숨기고 혼자 푸는 것이 아니라, 필리핀의 피해자들은 흥겨움을 통해 고통을 삭이고 있었던 것이다. 네 명의 피해자를 만난 팜팡가 지역에서도 다른 나라에서는

정의가 세워지길 바라요

_파우스트

하지 못한 경험을 했다.

파우스트는 팜팡가 마타모 마을에서 태어났다. 그녀의 가족은 농사를 짓고 강에서 고기를 잡으며 평화롭게 살고 있었다. 그녀가 열두 살 무렵 일본군이 공습하면서 마을에 들어왔다. 일본군의 폭압에 마을 분위기는 삼엄했다. 그녀는 가족의 생계를 돕기 위해 늘 하던 것처럼 시장에 내다 팔기 위한 바나나 잎을 따고 있었다.

"나는 아주 어렸어요. 도와달라고 외쳤지만 아무도 나를 도와주지 않았죠. 고통을 느꼈어요. 나는 고작 열세 살이었어요." 어느 날 오후 3시쯤 3명의 일본군이 그녀의 손을 끌고 강제로 군 트럭에 태웠다. 일본군은 무슨 뜻인지 알 수 없는 큰소리를 지르며 위협을 했다. 그녀에게는 공포 그 자체였다. 트럭 안에는 3명의 여자와 더 많은 일본군이 타고 있었다. 영문도 모른 채 일본군 수비대가 만들어진 아라얏 중앙학교로 끌려갔다.

"우리는 위안소로 사용되는 학교로 끌려갔어요. 그들은 나를 그곳에서 성노예로 만들었어요." 이들 여성은 각각 다른 방에 갇혔다. 학교 건물이었기에 방은 컸고, 혼자 있는 것이 무서워 그녀는 구석에서 울고 있었다. 저녁이 되어서야 낮에 그녀를 잡아왔던 일본군이 들어왔다. 일본군은 속옷을 벗을 것을 강요했고, 그녀는 울면서 동정을 호소했지만 소용없었다.

"나는 고통을 느꼈고 엄마와 남동생을 생각하고 또 생각했어요." 일본군의 잔인함은 계속되었다. 둘째 날 일본군은 오지 않았다. 어딘가에서 모르는 여자의 울부짖는 소리가 들려왔다. 파우스트는 자신도 위협을 느끼는 상황인 터라 그 여자를 위해 도움을 외칠 수가 없었다. 이튿날 일본군은 그녀를 강간하기 위해 다시 왔다.

"나를 불쌍히 여겨주세요. 내게는 아버지가 없어요." 한 달 이상 수비대에 머물면서 낮에는 청소하고 일본군을 위해 요리를 만들었으며, 흙 묻은 군인들의 옷을 빨았다. 그녀는 매번 집에 가게 해달라며 동정에 호소하듯 저항했다. 마침내 일본군은 어린 그녀에게 호의적으로 반응했고, 순순히 풀어주었다. 두 시간을 걸어 돌아왔을 때, 집은 불타고 없었다. 어머니는 끌려간 그녀를 걱정하다가 열병을 앓아 이웃집에 있었는데, 돈이 없어 약을 사 먹지 못했다.

"내가 살던 곳에 있었던 사람들은 나에 관한 모든 이야기를 알고 있었어요." 그녀는 수비대에 끌려가 어떤 일을 당했는지는 이웃에게 말하지 않았다. 그러나 그녀의 피해 사실에 대한 소문이 났고, 그곳에서 더는 살 수가 없어 다른 마을로 이사했다. 그녀는 어머니와 살면서 과거를 잊으려고 노력했다.

"내가 만약 그에게 말했다면…… 우리 결혼이 끊길까봐 두려웠어요." 그녀는 스물여섯 살에 결혼을 했다. 만약 살던 곳을 떠나지 않았다면 남편을 만나지 못했을 거라고 그녀는 생각한다. 결혼할 당시에는 남편에게 일본군에게 끌려가 어떤 일이 있었는지 말할 수 없었다. 둘째 아이를 낳고서야 그에게 과거 이야기를 했다. 그는 '과거는 과거일 뿐'이라며 그녀의 아픔을 너그럽게 포용했다. 결혼 후 과거의 기억이 떠올라 고통스러워할 때마다 오히려 그는 그녀를 감싸안았다. 그는 그녀에게 굉장히 멋지고 너그러운 사람이었다.

이야기하는 중간에 할아버지 한 분이 들어와 난간에 앉는다. 남자였기 때문에 당장 누구인지 묻고 싶었지만, 그녀의 이야기를 끊고 싶지는 않았다. 그를 의식하면서 한 시간가량의 이야기를 마친다. 그는 남편이었다. 지금까지 이야기를 나누면서 가족이 와 있는 경우도 드문데, 남편이 옆에서 듣고 있는 것은 상상도 할 수 없는 일이었다.

"나는 그저 우리가 싸우는 것을 위한 정의가 세워지길 바라요. 그리고 공식적인 보상과 사과를 원합니다." 그녀는 스스로의 문제를 직접 풀기 위해서 2000년에 '롤라스 컴패니아 성노예 생존자 그룹'에 들어갔다. 그곳에서는 30명의 피해자가 모여 서로 고통을 나누며 자신들의 목소리를 직접 냈다. 그녀는 이 문제에 관심 있는 해외 언론이 올 때마다 피해 사실을 증언했다. 지금도 지난 과거의 사실을 카메라 앞에서 거침없이 이야기하고 있다.

그녀들은 살아오는 동안 계속해서 겪어온 고통을 서로 나누길 바라고 또한 더 많은 사람이 이 사실을 알아가길 바라고 있다. 일본 정부가 주장하는 자발적 매매춘이라는 불명예를 씻기 위해 스스로 노력한다. 남편과 가족이 함께하며 든든한 버팀목이 되어주었다. 그녀들은 일본군 성노예 문제는 과거가 아닌 미래의 문제이기 때문에 직접 겪은 아픔을 세상과 공유하며 더는 이런 일이 일어나지 않도록 후세대에 정의를 남기려 한다.

맺음말

아시아를 돌며 피해 여성들을 만나 이야기를 듣는 것은 한두 달이
면 되지만 사전 준비와 정리하는 과정은 몇 달에 걸쳐서도 다 할 수
가 없다. 2~3시간의 짧은 만남 동안 이야기를 들어야 하고 이중 통
역으로 토막에 토막 난 단어로만 전해오기 때문에 증언 영상으로
기록하고 후에 풀어낸다. 집으로 돌아와 영상을 보며 그녀들의 이야
기의 단어 하나하나를 세세히 써내려갈 때면 전쟁과 성폭력을 경험
하지 못한 나이지만 그녀들의 고통이 가슴을 후벼 팔 때가 한두 번
이 아니었고 감내하기도 어려웠다. 그녀들은 당시에 그러한 고통을
어떻게 겪어야만 했고 또 지금까지 어떻게 견디며 살아왔는지 조금
이나마 알 수 있었다.

　아시아의 취재를 위한 정보 수집은 오랜 기간 일본 및 현지 관계
자들과 연락을 하며 이루어졌다. 각 나라의 시민단체나 피해 여성들
이 일본으로 증언 집회를 올 때마다 도쿄, 오사카 등 먼 거리를 마
다하지 않고 찾아다니며 그들을 만나 현지 사정과 생존자의 소식을

맺음말

들었다. 도쿄에 있는 WAM(여성의 전쟁과 평화자료관)을 찾아가 자료를 찾기도 하고, 현지 근현대사에 관한 연구자와 활동가들을 만나 정보를 나누기도 했다. 그러나 그녀들과 직접적으로 연결되는 일은 결코 쉽지 않았다. 그렇게 인터넷에도 나오지 않는 정보가 하나둘 쌓이면서 우선 필리핀의 피해 여성들을 직접 만나 조사한 자료와 어느 정도의 격차가 있는지 부딪혀보기로 하고 2013년 1월 우에다 유스케 씨와 마닐라 '롤라하우스'를 방문했다.

낯선 환경에서의 작업은 순조롭지 않았다. 한꺼번에 여러 명을 만나야 하는 상황에서 한 명 한 명 이야기할 여유가 없었다. 이전처럼 개개인의 집을 방문하고 싶었지만 레첼다 씨는 동네에 외국인이 가면 위험하다며 거절했다. 그다음 방문에서도 그녀들과의 만남을 제한하는 등 안전보다는 피해 여성과 나를 통제하려는 인상을 강하게 받기도 했다. 이후 중국 산시성, 하이난섬, 광시좡족자치구를 방문했고, 인도네시아 수카부미, 술라웨시와 동티모르를 열아홉 차례 방문하며 그녀들의 이야기를 기록했다.

피해 여성들을 만나러 가기 한두 달 전부터 연락을 취하고 그녀들의 건강을 확인한 후 간다. 웨이사오란을 만나고 옆 마을의 허위전을 만나러 가기 위해 전날에도 아들에게 연락하며 안부를 물었다. 그리고 허위전을 만나는 당일 오후 다시 한번 마을 앞에서 전화했지만 그녀가 3시간 전 사망했다는 비보를 전해 들었다. 아침까지만 해도 식사를 잘 했는데 너무 갑작스러운 죽음이었다. 집에 도착했을 때 시신은 거실에 그대로 있었고, 가족들은 장례 준비를 하느라 분

주했다. 이튿날 입관을 마치고 영정사진과 향을 피우며 조문객을 맞았다. 또한 이수단은 두 달 반 만에, 박차순은 한 달 만에, 장가이상 姜改香은 3일 만에 유명을 달리했다. 모두 그녀들을 만나고 온 후 며칠 지나지 않아 부고 소식을 듣게 되었다.

 피해 여성들의 죽음뿐만 아니라, 그녀들을 20년 넘게 지원하던 레첼다 씨는 병환으로 일을 그만두고 고향으로 내려가면서 연락이 끊겼고, 다르마위 씨는 60대의 이른 나이에 죽음을 맞이했다. 그녀들을 기억하고 활동하던 이들마저 세월 속에서 사라지고 있다. 그들의 도움이 있었기에 그녀들을 만나 기록할 수 있었지만, 이제는 그들을 대신할 사람들이 없다. 지원자들이 없어지면서 그녀들의 소식을 듣거나 만나는 일이 점점 어려워지고 있다. 그동안 적어둔 집 주소와 전화번호로 안부를 묻고 직접 찾아다니는 수밖에 없다.

 1930년대 초반부터 해방되기 전까지 조선의 여성들이 동원되었지만, 북한 피해 여성들의 최근 소식은 접하기가 어려웠다. 일본에서 총련을 통해 알아본 북한 피해 여성들의 소식에 대한 공식적인 답변은 '더는 생존자가 없다'였지만 북한을 오가는 사람들을 통해 알아본 바로는 아직 여러 명이 함경도에 살아 있었다. 2016년 북한의 그녀들을 만나기 위해 한국 통일부에 문의했지만, 원천적으로 방문이 불가하며, 북한의 초청장을 받아오라는 답변을 받았다. 하지만 생존자가 있다면 만나야겠다는 생각에 계속해서 방문할 방법을 강구했다. 2018년 9월, 드디어 이 문제를 담당하고 있는 대외문화연락위원회 손철수 국장을 만나러 평양으로 향했다. 혼자 첫 방문하는 긴장

감 속에 도착한 지 나흘 만에 만난 손 국장은 북한의 피해에 관한 정보를 전하면서도 살아 있는 8명을 당장 만나는 것은 어렵다고 했다. 우선 함경북도에 남아 있는 위안소 세 곳을 방문하게 해주겠다는 약속을 받았고 다음 기회를 다시 엿볼 수밖에 없었다. 이외에도 피해 여성들을 만나러 가는 과정은 늘 복잡한 데다 돌발 상황이 발생하거나 험난의 연속으로 순탄한 여정은 아니었다. 택시와 금전 사기 등 지나고 나서야 얼마나 위험천만한 사건들이었는지 가슴을 쓸어내린 적이 한두 번이 아니지만 그럼에도 불구하고 나는 아직 이 여정을 끝낼 수가 없다.

일본군 성노예 문제를 가장 잘 알아야 하는 사람은 일본인들이다. 그러나 이 문제에 아예 관심이 없거나 왜곡되게 알고 있는 이들이 대부분이었기에 사진을 좋아하는 그들에게 문화예술로 접근해 무관심을 관심으로 바꾸려고 사진전을 기획했다. 호랑이를 잡으려면 호랑이 굴에 들어가야 하지만 일본에서 이 주제로 전시를 할 때는 가끔 생명에 위협까지 느낀다. 이 주제가 일본에서 금기시되면서 내 활동은 우익의 이메일과 팩스, 전화 등 협박성 공격으로 돌아왔고 그로 인해 한때 가족을 피신시켜야 했으며 상해보험에도 가입했다.

2012년에는 니콘 살롱에서 사진전을 하기 위해 〈겹겹-중국에 남겨진 조선인 위안부 여성들〉이라는 제목으로 40컷의 사진작품과 설명을 보냈고 당선이 되어 전시 준비를 했다. 그러나 전시 한 달을 앞두고 니콘 측으로부터 이유는 밝힐 수 없다며 일방적인 전시 중단 통보를 받았다. 정당한 중지 이유가 아닌 이상 이를 받아들일 수 없었다. 사진가로서 처음 일본에서 열리는 일본군 성노예 사진전을 못하게 된다면 더는 일본 땅에서 그녀들의 목소리를 낼 수 없을 거라 생각했다. 결국 전시장을 사용하게 해달라는 가처분 재판과 시민들의 도움으로 전시는 재개되었지만, 우리가 생각하는 일반적인 전시는 불가능했다. 전시장 안에서는 사진 촬영이 금지되고, 기자와 인터뷰를 할 수 없었다. 작은 공간에 감시카메라 10개가 추가로 설치되고 내가 누군가와 대화를 하면 직원이 다가와 녹음을 하는 등 인권침해가 심하게 이루어졌다.

전시를 마치고 사진전의 중지 이유와 오사카 앙코르 사진전의 무산에 대한 사과를 받기 위해 도쿄지방법원에서 본 재판을 제소했다. 3년간 열두 차례의 구두변론, 증인신문 등을 진행했다. 재판장은 니콘 측의 일방적인 중지 결정의 부당함과, 니콘 살롱이 사기업의 소유이지만 공적 장소와 마찬가지로 소통으로서 표현의 장은 지켜야 한다는 판결을 했다. 판결 내용은 공적, 공공장소가 표현의 장을 임의대로 취소할 수 없다는 표현의 자유의 의미를 담고 있다.

이후에도 전시를 위해 공간을 찾아다녔지만 번번이 거절당했다. 전시를 위한 전시가 아니라 피해 여성들의 목소리를 시민들 스스로 만들 수 있도록 분위기를 조성해갔다. 사진전을 기반으로 평소에 관심을 가지던 시민과 단체들이 모여 전시회를 홍보하고 필요한 비용을 모금했다. 전시 진행에 자원봉사자들이 매일 나왔고 갤러리 토크가 있거나 관람객이 많은 날에는 우익의 방해 등 만약의 사태에 대비해 전시장을 지키는 시민도 있었다. 전시의 지역적인 한계를 넘어 전국으로 그녀들의 목소리를 내기 위해 신문 잡지에 기사를 기고하면서 전시 기간 전국에서 알 수 있도록 하며 이슈를 만들어갔다. 그 결과 이 문제에 대해 더 많은 사람과 공감하고자 하는 시민들이 나서서 만드는 전시가 되었다. 그렇게 해서 도쿄, 오사카, 나고야, 삿포로, 교토 등 일본에서만 30회 이상의 전시를 이어갈 수 있었다.

사진가로서 할 수 있는 일이란 사진을 찍고 전시를 통해 사람들과 소통하는 것이다. 피해 여성들의 지워지지 않는 고통과 어려운 생활 환경을 외면할 수 없어 사진가와 활동가의 경계를 넘나들었다. 세계 주요 도시에서 사진전과 강연회를 하고, 그녀들의 복지와 건강, 생활 환경 개선을 위해서는 혼자가 아닌 사람들의 힘을 모아야 했다. 작은 개울이 모여 강을 이루고 바다가 되듯 겹겹이 함께하기 위해 2012년 3월 15일에 '겹겹프로젝트重重プロジェクト' 단체를 일본에서 만들었다. 활동에 필요한 비용은 크라우드펀딩과 회원들의 후원금으로 모았다. 2018년부터는 한국에서도 아시아 일본군 성노예 피해 여성들의 정의와 평화를 위한 기록과 지원을 하기 위해 회원들이 모여 함께 전시와 피해자 지원활동을 하고 있다.

이 책이 나오기까지는 수많은 사람의 힘이 보태졌다. 현지와 연락하며 조사 일정과 약속을 잡고, 피해 여성들을 만나기까지 안내를 해주고 이야기를 이해할 수 있도록 통역하는 등 다양한 재능이 모였기에 그녀들을 기록할 수 있었다. 특히 중국의 오지를 같이 누비며 그녀들을 만나고 지원해온 황성찬, 물심양면으로 당근과 채찍의 조언을 아끼지 않은 정재우, 부족한 내용을 확인하며 글의 균형을 잡

아준 김윤정, 전시회를 하고 그녀들을 만나러 다니느라 항상 챙겨주
지 못했지만 잘 자라온 영수, 일일이 이름을 다 밝히지는 못하지만
겹겹프로젝트 회원들의 마음이 함께했기에 가능한 일이었다. 늘 감
사할 따름이다.

아직도 만나지 못한 피해 여성들을 찾아나서야 하고 생존자들의
삶을 돌보기 위해 또다시 현지로 떠나야만 한다. 한국과 일본, 서구
에서의 전시뿐 아니라 피해국인 중국, 인도네시아, 필리핀, 동티모르
에서 전시회를 개최하기 위해 큰 힘을 모으고 있다. 현지 정부와 활
동가들과 지속적으로 협의하여 그녀들의 아픔을 많은 사람과 공유
할 자리를 마련할 계획이다. 빠른 시일 안에 이 책을 일본어판과 영
어판으로도 출간해 국제사회에서도 뼈아픈 이 고통의 역사, 그 진실
을 알려나가려 한다.

취재에 함께한 분들

김민영, 전현우, 김민경, 김효진, 김소연, 엄관빈, 박효진, 최길윤, 황성찬, 이웅걸, 김영덕, 송도자, 이경희, 김정화, 박희라, 이사직, 김리화, 리이슬, 김금순, 조민영, 김윤정, 김현정, 김경오

植田祐介UEDA Yusuke, 志垣宣枝SHIGAKI Norie, 菊地和行KIKUCHI Kazuyuki

張雙兵ZHANG Sang-bing, 段瑞秋DUAN Ruiqiu, 朴香花PIAO Xianghua, 張雅ZHANG Ya, 熊文艶XING Wenyan, 黃大强HUANG daqiang, 陳厚志CHEN Houzhi

M. Darmawi H LaDjamma, Nur Adha Darmawi, Ishak Darmawi, Muh Arafah Hamid, Eka Hidra, Gabriel Pratama, Encho Lopez Mabiloa, Maxy Loly, Rechilda Extremadura, Cristina Lope Rosello, Nelia Sancho, Cindy Daylo, Yolly, Jennifer Sazon, Margeory Granada Jallores

나는 위안부가 아니다

아시아의 일본군 성노예 피해 여성 21인의 목소리

ⓒ 안세홍

초판인쇄 2020년 7월 3일
초판발행 2020년 7월 10일

지은이 안세홍
펴낸이 강성민
편집장 이은혜
마케팅 정민호 김도윤 고희수
홍보 김희숙 김상만 지문희 우상희
독자모니터링 황치영

펴낸곳 (주)글항아리 | 출판등록 2009년 1월 19일 제406-2009-000002호

주소 413-120 경기도 파주시 회동길 210
전자우편 bookpot@hanmail.net
전화번호 031-955-8891(마케팅) 031-955-1936(편집부)
팩스 031-955-2557

ISBN 978-89-6735-801-3 03900

www.geulhangari.com